DOCUMENTOS DA CNBB – 104

CONFERÊNCIA NACIONAL DOS BISPOS DO BRASIL

22º PLANO PASTORAL DO SECRETARIADO GERAL

2015-2019

Direção-geral: *Bernadete Boff*
Editora responsável: *Vera Ivanise Bombonatto*

1ª edição – 2016

Nenhuma parte desta obra poderá ser reproduzida ou transmitida por qualquer forma e/ou quaisquer meios (eletrônico ou mecânico, incluindo fotocópia e gravação) ou arquivada em qualquer sistema ou banco de dados sem permissão escrita da Editora. Direitos reservados.

Paulinas

Rua Dona Inácia Uchoa, 62
04110-020 – São Paulo – SP (Brasil)
Tel.: (11) 2125-3500
http://www.paulinas.org.br – editora@paulinas.com.br
Telemarketing e SAC: 0800-7010081

© Pia Sociedade Filhas de São Paulo – São Paulo, 2016

SIGLAS

DAp	Documento de Aparecida
DC	Diretório de Comunicação
DGAE	Diretrizes Gerais da Ação Evangelizadora da Igreja no Brasil
DPb	Documento de Puebla
LS	*Laudato Si'*, sobre o cuidado da Casa Comum, Carta Encíclica, Papa Francisco
RM	*Redemptoris missio*, Carta Encíclica missionária sobre a validade permanente do mandato missionário, João Paulo II
SC	*Sacrosanctum Concilium*, Constituição sobre a Sagrada Liturgia, Concílio Vaticano II

APRESENTAÇÃO

"A alegria do Evangelho, que enche a vida da comunidade dos discípulos, é uma alegria missionária"
(Papa Francisco)

O processo de planejamento que está na origem do 22º Plano Pastoral do Secretariado Geral da Conferência Nacional dos Bispos do Brasil (CNBB) tem seu início com a aprovação das *Diretrizes Gerais da Ação Evangelizadora da Igreja no Brasil 2015-2019*. À luz do texto aprovado durante a 53ª Assembleia Geral da CNBB (Aparecida, 15 a 24 de abril de 2015), o Secretariado Geral e as Comissões Episcopais Pastorais procederam às consultas aos Regionais da CNBB. O Papa Francisco, no discurso aos Bispos do Brasil presentes na Jornada Mundial da Juventude, no Rio de Janeiro (27 de julho de 2013), pediu atenção às diferenças contextuais e descentralização na atuação da Conferência: "[A Igreja no Brasil] precisa de uma rede de 'testemunhos' regionais, que, falando a mesma linguagem, assegurem em todos os lugares, não a unanimidade, mas a verdadeira unidade na riqueza da diversidade". Também as "indicações de operacionalização", publicadas como anexo às DGAE, alertam que "nosso país apresenta uma variedade de contextos", que precisa ser levada em conta, no momento de planejar.

A avaliação do 21º Plano Pastoral forneceu também elementos imprescindíveis para a preparação do presente Plano. É preciso "perceber até que ponto as Diretrizes anteriores foram realmente seguidas, até que ponto o plano pastoral ainda em vigor foi efetivamente cumprido" (DGAE 2015-2019, Indicações de operacionalização). A atenção ao caminho percorrido promove a referência à história, importante tanto para que se mantenha a identidade quanto para a criativa resposta aos desafios novos.

As Diretrizes são o referencial fundamental do Plano, e não podia ser diferente. Por isso, em vista do planejamento que originou o atual Plano Pastoral, foram tomados como critérios: a fidelidade às *Diretrizes Gerais da Ação Evangelizadora da Igreja no Brasil*, o atendimento às prioridades e necessidades dos Regionais, a continuidade do caminho que cada Comissão percorreu no cumprimento de sua missão e de suas atribuições.

O Plano indicará o serviço que as Comissões Pastorais prestarão aos Regionais da nossa Conferência Episcopal.

Agradeço cordialmente a todos os que contribuíram no processo de planejamento e na elaboração deste 22º Plano. O mesmo espírito de colaboração e a mesma dedicação continuarão sendo necessários para a realização dos projetos.

Pedimos à Virgem Maria, modelo da Igreja peregrina rumo à plenitude do Reino, que nos acompanhe no compromisso de "Evangelizar, a partir de Jesus Cristo, na força do Espírito Santo, como Igreja discípula, missionária, profética e misericordiosa, alimentada pela Palavra de Deus e pela Eucaristia, à luz da Evangélica opção preferencial pelos pobres, para que todos tenham vida, rumo ao Reino definitivo" (DGAE 2015-2019, Objetivo Geral).

Brasília, 11 de fevereiro de 2016.
Memória Facultativa de Nossa Senhora de Lourdes

† Dom Leonardo Ulrich Steiner
Bispo Auxiliar de Brasília – DF
Secretário-Geral da CNBB

OBJETIVO GERAL

EVANGELIZAR,

a partir de Jesus Cristo,

na força do Espírito Santo,

como Igreja discípula,

missionária, profética e misericordiosa,

alimentada pela Palavra de Deus

e pela Eucaristia,

à luz da evangélica opção preferencial

pelos pobres,

para que todos tenham vida,

rumo ao Reino definitivo.

SECRETARIADO GERAL DA CNBB

O Secretariado Geral da CNBB, com seus setores pastorais e técnicos, com os assessores e funcionários, está a serviço de toda a CNBB, particularmente da Presidência e do CONSEP, sob a responsabilidade imediata do Secretário-Geral, que o dirige e coordena, em nome da Presidência (cf. Estatuto Canônico, Artigo 235).

Para bem cumprir sua missão, o Secretariado Geral (Artigo 236) tem setores específicos para o relacionamento e cooperação com os Conselhos Episcopais Regionais (CONSER) e seus secretariados executivos, com os organismos e entidades relacionados com a CNBB e com as associações de fiéis de direito público e âmbito nacional, juridicamente subordinadas à CNBB.

Composição

Dom Leonardo Ulrich Steiner – Secretário-Geral

Pe. Antônio Silva da Paixão – Subsecretário Adjunto Geral

Mons. Antonio Luiz Catelan – Subsecretário Adjunto de Pastoral

Mons. Nereudo Freire Henrique – Ecônomo

Frei Evaldo Xavier Gomes, O. Carm. – Assessoria Canônica

Pe. Paulo Renato de Campos – Assessoria Política

Mons. Jamil Alves de Souza – Edições CNBB

Pe. Nelson Rosselli – Campanha da Fraternidade e Evangelização

Profª Msc. Eliane Muniz – Assessoria de Imprensa

COMISSÕES

1. COMISSÃO EPISCOPAL PASTORAL PARA OS MINISTÉRIOS ORDENADOS E A VIDA CONSAGRADA

A Comissão Episcopal Pastoral para os Ministérios Ordenados e a Vida Consagrada (CMOVC) tem como tarefa despertar, discernir, cultivar, animar, promover e acompanhar as Vocações e os Ministérios da Igreja no Brasil.

Sua missão é oferecer aos batizados, condições para a vivência da sua vocação específica através da Pastoral Vocacional (PV) e do Serviço de Animação Vocacional (SAV), bem como acompanhar a formação para o Ministério Ordenado, por meio da Organização dos Seminários e Institutos do Brasil (OSIB). À Comissão incumbe ainda acompanhar a vida e a atividade pastoral dos diáconos, presbíteros e bispos, sobretudo dos bispos novos. Além disso, estabelece diálogo de comunhão e parceria com a Conferência dos Religiosos do Brasil (CRB) e a Conferência Nacional dos Institutos Seculares (CNIS).

Todas as atividades e projetos, embora de responsabilidade direta de cada organismo, têm a participação da Comissão que os reconhece, apoia, assessora, lhes dá suporte e legitimidade eclesial.

Para articular melhor estas forças vivas, a Comissão elegeu como eixo condutor: "A partir de Jesus Cristo, Verbo Encarnado, à luz das *Diretrizes Gerais da Ação Evangelizadora da Igreja no Brasil*, comprometemo-nos a ser uma Igreja servidora, que nos chama a estar com Ele, formando e enviando em missão".

Composição

Bispos

Dom Jaime Spengler, OFM – Presidente da Comissão e referencial dos Religiosos(as) CRB e Institutos Seculares (CNIS)

Dom Juarez Sousa da Silva – Referencial dos Presbíteros (CNP)

Dom João Francisco Salm – Referencial dos Diáconos (CND)

Dom José Roberto Fortes Palau – Referencial da PV--SAV e OSIB

Assessor

Pe. Deusmar Jesus da Silva

Organismos

Conferência Nacional dos Institutos Seculares (CNIS)

Presidente: Aparecida Guadalupe Cafaro

Comissão Nacional de Presbíteros (CNP)

Presidente: Pe. Anselmo Matias Limberger

Organização dos Seminários e Institutos do Brasil (OSIB)

Presidente: Pe. Nivaldo dos Santos Ferreira

Conferência dos Religiosos do Brasil (CRB)

Presidente: Ir. Maria Inês Ribeiro

Comissão Nacional de Diáconos (CND)

Presidente: Diácono Zeno Konzen

Pastoral Vocacional – Serviço de Animação Vocacional (PV-SAV)

Coordenador: Pe. José Alir Moreira

Projetos

1. Formação e Capacitação

1.1. Assembleia Geral Eletiva (AGE)

Objetivo

Apresentar do Relatório do Triênio – 2013-2016. Eleger a nova Diretoria para o Triênio – 2016-2019.

Estratégias

Convocação dos(as) Religiosos(as) do Brasil para rezar e refletir sobre os conteúdos norteadores da Assembleia e oferecer sugestões para o novo triênio.

Responsáveis

Diretoria da CRB Nacional, Coordenadores(as) das Regionais da CRB, Equipe Interdisciplinar e Assessores Executivos Nacionais.

Prazo: 11 a 15 de julho de 2016

1.2. Missão Ad Gentes intercongregacional de solidariedade entre a Igreja do Brasil e Igreja do Haiti

Objetivo

Ser presença solidária, acolhedora e evangélica no Haiti de Comunidade Intercongregacional de Religiosas inserindo-se conscientemente na reconstrução e na vigilância por condições dignas do povo.

Estratégias

Na execução do projeto será relevante desenvolver:

a. Ação evangelizadora: "Uma igreja enviada é uma Igreja que está fora de casa, que faz a experiência radical do seguimento, do despojamento e da itinerância, como companheira dos pobres" (cf. DAp, n. 398);

b. Formação Humana Cristã: Formação de lideranças numa visão holística – APRENDER;

c. Ação Social: 1. Geração de Renda e Economia solidária; 2. Saúde Integral; 3. Contribuição na Formação do Clero e da Vida Religiosa.

Responsáveis

CNBB; CRB e Cáritas Brasileira.

Prazo: 2010-2020

2. Ministérios Ordenados

2.1. Encontro com novos Bispos

Objetivo

Reunir os bispos nomeados no último ano para estreitar os laços de amizade e convivência fraterna, aprofundando a compreensão da missão do bispo através de temas pertinentes ao ministério episcopal.

Estratégias

- Realizar um encontro anual com os bispos nomeados durante o ano – de agosto a julho;
- Oportunizar contato com os assessores, funcionários e estrutura da sede da CNBB.

Prazo: 2016-2019

2.2. Encontros Nacionais de Presbíteros

Objetivo

Retomar e aprofundar a caminhada dos presbíteros no Brasil, dando-lhes oportunidade de reflexão, estudo, momentos de oração, partilha, para descobertas de novos caminhos para sua realização pessoal e de melhor exercer o seu ministério na sociedade atual.

Estratégias

- Apresentar o tema por meio de assessores;
- Promover debates, estudo em grupos, fila do povo, celebrações litúrgicas.

Prazo: 2016-2019

2.3. Semana Nacional de Atualização para Formadores – OSIB

Objetivo

Formação permanente.

Estratégias

Revisitar permanentemente a *Ratio Fundamentalis* e aplicá-la hermeneuticamente.

Prazo: 2016-2019

2.4. Encontro Nacional de Diretores e Formadores de Escolas Diaconais

Objetivos

- Ampliar cada vez mais a competência para o adequado desempenho do ministério diaconal;
- Formar diáconos para atuar nas novas fronteiras da missão;
- Preparar os diáconos para atuar numa Igreja em saída, em missão.

Estratégias

Definição de um plano de formação com enfoque nos documentos acima citados, buscando assessores habilitados e envolvendo as escolas na partilha de experiências.

Prazo: 2016-2019

2.5. *Escola Nacional para Formadores – CNBB*

Objetivo

Oferecer formação para os formadores.

Estratégias

Conteúdo da *Ratio Fundamentalis* em módulos como pós-graduação e/ou extensão, oferecido por quatro faculdades de teologia (Taubaté – SP; Belo Horizonte – MG; Londrina – PR; Fortaleza – CE).

Justificativa

Possibilitar a formação inicial e permanente dos formadores de presbíteros na Igreja no Brasil.

Prazo: 2016-2019

2.6. *Curso de Atualização para Presbíteros*

Objetivo

Centrar a atenção na vida e na missão dos presbíteros, em tempo de globalização, como discípulos missionários de Jesus Cristo, a serviço do Reino de

Deus, ajudando-os a reencontrarem-se no exercício do próprio ministério, tendo a Palavra de Deus e a Eucaristia como fontes.

Estratégias

Organizar os cursos em nível nacional e/ou por macrorregiões: Norte, Nordeste, Sul, Leste e Centro--Oeste.

Prazo: 2016-2019

2.7. *Encontro Nacional para a Vida Monástica e Contemplativa*

Objetivo

Proporcionar às Instituições de Vida Religiosa Monástica e Contemplativa a oportunidade de conhecimento mútuo, articulação entre si, bem como aprofundamento de conteúdos relacionados à sua identidade e missão.

Estratégias

- Propiciar formação bíblica e teológica;
- Integrar as federações entre si;
- Divulgar materiais específicos.

Prazo: 2016-2019

2.8. Experiências Pastorais e Missionárias com Seminaristas

Objetivo

Apoiar e divulgar experiências pastorais e missionárias (estágios) realizadas com a participação especial de seminaristas.

Estratégias

- Fazer o levantamento e avaliação dos estágios e experiências pastorais e missionárias que estão acontecendo no Brasil;
- Contatar bispos e formadores para partilhar e aprofundar experiências e encontrar luzes;
- Realizar encontros periódicos com formadores e bispos em vista de todo este processo.

Prazo: 2016-2019

3. Eventos

3.1. Assembleia Geral dos Diáconos

Objetivos

- Assembleia Geral não eletiva: permitir a solução de questões que requeiram ações imediatas.
- Assembleia Geral eletiva: prestar contas da Diretoria que encerra o seu mandato, referente ao quadriênio 2015-2019, eleger os

membros da Diretoria para o próximo quadriênio e aprofundar o estudo do tema da assembleia.

Estratégias

- Convocar todos os diáconos do Brasil a participar do processo eletivo;
- Promover estudo e aprofundamento de um tema, buscando a qualificação e a formação permanente dos diáconos;
- Realizar encontros dos inter-regionais.

Prazo: 2016-2019

3.2. Assembleias Nacionais dos Institutos Seculares

Objetivo

Refletir sobre a vocação e missão dos Institutos Seculares no mundo de hoje.

Estratégias

- Convocar todos os responsáveis pelos Institutos Seculares existentes no Brasil;
- Convidar assistentes espirituais para acompanhar as assembleias;
- Tratar de tema de estudo previamente escolhido, e programar momento formativo com o Bispo Referencial da CNBB.

Prazo: 2016-2019

3.3. Jornadas Nacionais dos Institutos Seculares

Objetivo

Mobilizar os Institutos Seculares para celebrar e manter a comunhão e estimular no cultivo de sua missão.

Estratégias

Realizar uma romaria a Aparecida com os membros dos Institutos Seculares.

Prazo: 2016-2019

4. Articulação

4.1. Reuniões da Comissão

Objetivos

- Refletir sobre novos caminhos e indicações para animar e promover a dimensão vocacional da Igreja no Brasil;
- Articular e orientar os trabalhos dos organismos da Comissão;
- Partilhar os desafios, perspectivas e conquistas de cada organismo.

Estratégias

Convocação dos organismos para partilha, estudo de um tema e troca de experiências sobre as atividades e projetos.

Prazo: 2016-2019

4.2. *Animação Vocacional no Brasil*
Objetivo

Refletir sobre a caminhada vocacional, celebrando a diversidade das vocações na Igreja e despertando no povo o compromisso de rezar pelas vocações.

Estratégias
- Reunir os representantes regionais da Pastoral Vocacional/Serviço de Animação Vocacional (PV/SAV);
- Celebrar o Dia Mundial de Oração pelas Vocações, Dia de Oração pela Santificação do Clero e o Mês Vocacional.

Prazo: 2016-2019

4.3. *Atividades Permanentes*
Objetivo

Articular e assessorar os trabalhos dos vários organismos da Comissão Episcopal Pastoral para os Ministérios Ordenados e a Vida Consagrada.

Estratégias

Convocar e reunir os organismos da Comissão para partilha e troca de experiências sobre as atividades e projetos. Quando convocados, participar de reuniões do Departamento de Vocações e Ministérios do CELAM.

Prazo: 2016-2019

2. COMISSÃO EPISCOPAL PASTORAL PARA O LAICATO

A Comissão Episcopal Pastoral para o Laicato (CEPL), tendo como referencial as Diretrizes Gerais da Ação Evangelizadora da Igreja do Brasil 2015-2019, é um serviço à CNBB nos Regionais, que busca acompanhar, assessorar e promover a identidade, vocação, espiritualidade e missão dos cristãos leigos e leigas na Igreja e no mundo, a fim de que contribuam com seus dons, carismas, serviços e ministérios para o crescimento das comunidades eclesiais e de uma sociedade justa e solidária, sinais do Reino definitivo.

Neste serviço de unidade, comunhão e missão, a Comissão participa da articulação nacional das Comunidades Eclesiais de Base (CEBs) "sinais da vitalidade da Igreja" (RM, n. 51; CNBB 92). Para isso, acompanha, junto à Comissão Nacional Ampliada das CEBs, a organização e realização de reuniões, encontros, seminários e dos Intereclesiais das CEBs no Brasil, na América Latina e no Caribe.

Também é tarefa permanente da CEPL estimular, acompanhar e fortalecer o processo de articulação e organização do laicato, através do Conselho Nacional do Laicato do Brasil (CNLB), nos diferentes âmbitos.

A Comissão ainda apoia e estimula as iniciativas de formação, espiritualidade e acompanhamento no campo social e político, especialmente através do Centro Nacional de Fé e Política Dom Helder Câmara (CEFEP).

Visando à promoção da pastoral orgânica de conjunto no Brasil, sinal da unidade, comunhão e solidariedade eclesial, a Comissão procura favorecer a integração dos Movimentos, Serviços Eclesiais, Associações Laicais Nascidas dos Carismas das Congregações e Ordens Religiosas e das Novas Comunidades.

Neste quadriênio (2016-2019), em sintonia com toda a Igreja, um enfoque especial será dado a cada ano: Ano da Misericórdia (2016), Ano Mariano (2017) e Ano do Laicato (2018) e ainda o cuidado da Casa Comum, iluminados pela Encíclica *Laudato Si'*, pela Bula *Misericordiae Vultus* e pelo texto *Cristãos Leigos e Leigas, Sujeitos na Igreja e na Sociedade.*

Composição

Dom Severino Clasen, OFM – Presidente

Dom Giovane Pereira de Melo

Dom Pedro José Conti

Dom Remídio José Bohn

Professor Laudelino Augusto dos Santos Azevedo – Assessor

Padre José Ernanne Pinheiro – Secretário Executivo CEFEP

Professor Celso Carias – Assessor

Projetos

CEBs

1. Formação e Capacitação

1.1. Presença do Setor CEBs nos Encontros da Ampliada Nacional das CEBs em Preparação para o 14º Intereclesial das CEBs em Londrina-Pr – 2018

Objetivo

Ser presença de comunhão da CNBB junto a Ampliada Nacional das CEBs e a Igreja Local que prepara o principal encontro das CEBs no Brasil.

Estratégias

Participação nas reuniões da Ampliada Nacional das CEBs, nos seminários nacionais preparatórios e quando necessário nas reuniões do Secretariado do 14º Intereclesial.

Referências: DGAE, n. 57, 104.

Prazo: 2016-2019

1.2. Produção de Subsídios para Agentes de Pastoral e Assessores(as) de CEBs

Objetivos

- Fomentar a produção de subsídios populares de formação sobre temas de interesse das CEBs;

- Favorecer o acesso de animadores e assessores das CEBs a subsídios que possibilitam a formação e o fortalecimento das CEBs e dos seus agentes de base.

Estratégias

No quadriênio fomentar a produção de subsídios populares e de custo baixo sobre os seguintes temas: CEBs e ecologia; CEBs e juventude; CEBs e realidade urbana; Igreja: comunidade de comunidades e outros.

Referências: DGAE, n. 57, 104.

Prazo: 2016-2019

1.3. Realização de Seminários Bienais para Jovens das CEBs, das Pastorais da Juventude e Pastorais Sociais

Objetivo

Contribuir com a formação de animadores jovens nas CEBs, favorecendo a renovação de suas lideranças, e incentivo ao engajamento de jovens das CEBs em diferentes pastorais.

Estratégias

Realização de dois seminários reunindo jovens das CEBs, membros da Ampliada Nacional e de Pastorais.

Referências: DGAE, n. 57, 104, 113.

Prazo: 2017-2019

1.4. Realização de Seminários nas Macrorregiões da CNBB: Sulão, Nortão, Oestão, Lestão, Nordestão para Articuladores e Assessores Diocesanos e Regionais das CEBs, sobre o Tema do Próximo Intereclesial das CEBs

Objetivo

Aprofundar a temática das CEBs no contexto urbano e trocar experiências de CEBs no contexto urbano em vista da realização do 14º Intereclesial das CEBs.

Estratégias

Organização de seminários por macrorregiões com a participação de bispos, padres, religiosas, animadores, assessores nacionais, regionais e diocesanos com o tema: CEBs e os desafios do mundo urbano.

Referências: DGAE, n. 57, 104.

Prazo: 2016-2017

1.5. Realização de uma Pesquisa sobre as CEBs hoje

Objetivo

Realizar pesquisa nacional para quantificar as Comunidades Eclesiais de Base existentes na Igreja no Brasil e sua localização regional, e conhecer seu cotidiano, como celebram, se organizam e fazem ação social.

Estratégias

A partir das articulações diocesanas de CEBs, ampliadas regionais das CEBs, através de questionário previamente elaborado, coletar, tabular e analisar dados sobre a realidade das CEBs na Igreja no Brasil buscando quantificar as Comunidades Eclesiais de Base existentes na Igreja no Brasil e sua localização regional, conhecer seu cotidiano, como celebram, se organizam e fazem ação social.

Referências: DGAE, n. 57, 104.

Prazo: 2016-2017

2. Eventos

2.1. Apoio aos Encontros Diocesanos e Regionais de Reflexão e troca de experiências em preparação ao 14º Intereclesial em Londrina, em 2018

Objetivo

Assessorar ou articular assessoria aos regionais ou macrorregiões da CNBB na realização de seminários em vista de aprofundamento do tema do 14º Intereclesial de CEBs.

Estratégias

Participação, assessoria e acompanhamento aos encontros aos regionais de CEBs e outros a elas relativos.

Referências: DGAE, n. 57, 104.

Prazo: 2016-2018

3. Articulação

3.1. Articulação e Formação de Rede de Assessores(as) de CEBs nos Regionais

Objetivo

Constituir e fortalecer uma rede de assessores(as) de CEBs nos regionais, que seja referência capaz de estimular iniciativas locais de formação de lideranças de base, mais capacitados para acompanhar e animar as CEBs de sua região.

Estratégias

- Contatos eletrônicos;
- Realização de seminários nas macrorregiões da CNBB, estabelecendo um processo de formação permanente: a realização de um seminário nacional após o 14º Intereclesial.

Referências: DGAE, n. 57, 104.

Prazo: 2016-2019

3.2. Encontro Latino-Americano e Caribenho de CEBs

Objetivos

- Ser presença de comunhão da CNBB junto a articulação continental das CEBs;

- Celebrar a caminhada das CEBs no continente americano e caribenho;
- Fortalecer e animar este processo.

Estratégias

Articulação nacional, participação e assessoria.

Referências: DGAE, n. 57, 104.

Prazo: 2016

3.3. Documentação das CEBs – Memória e Caminhada das CEBs

Objetivo

Apoiar o projeto "Memória e Caminhada" das CEBs garantindo a preservação, atualização e disponibilização deste acervo à pesquisa.

Estratégias

Estabelecer diálogo entre o Setor CEBs, a comissão de diálogo da Ampliada Nacional das CEBs, a Universidade Católica de Brasília e a PUC Minas, buscando viabilizar parceria para garantir a transferência do acervo para um espaço onde funcione um programa de pós-graduação em Ciências da Religião ou Teologia, e que esta instituição possa manter o acervo atualizado à disposição de agentes de pastoral, animadores e pesquisadores.

Referências: DGAE, n. 57, 104.

Prazo: 2016

CEFEP

1. Formação e Capacitação

1.1. Centro Nacional de Fé e Política Dom Helder Câmara (CEFEP)

Objetivo

Formar Cristãos – leigos e leigas – para a missão política, favorecendo-lhes a aquisição de competência e habilitação para agir no complexo campo da Política, participando da construção de uma sociedade justa e solidária, à luz do Ensino Social da Igreja e das Diretrizes Gerais da Ação Evangelizadora da Igreja no Brasil, fomentando em nosso país um pensamento social cristão.

Estratégias

- Realizar cursos – parte presencial (15 dias em cada ano) e parte à distância, em parceria com a Pontifícia Universidade Católica (PUC) do Rio de Janeiro;
- Promover seminários anuais com os membros da Rede de Assessores e das Escolas locais de Fé e Política;
- Realizar Seminários Regionais com políticos e seus assessores, em parceria com o Conselho Nacional do Laicato do Brasil (CNLB).

Referências: DGAE, n. 68, 123, 124.

Prazo: 2016-2019

Leigos

1. Formação e Capacitação

1.1. Implementação e Acompanhamento do Plano Quadrienal pela CEPL

Objetivo

Implementar o Plano Quadrienal da Comissão, acompanhar a execução, fazer a avaliação simultânea, corrigindo o que for necessário e dando encaminhamentos ao mesmo.

Estratégias

Duas reuniões ordinárias por ano, sendo uma durante a Assembleia Geral Ordinária (AGO) para os encaminhamentos pós assembleia, e outra no início do segundo semestre, juntamente com o Grupo de Reflexão, encaminhamentos e preparação do Seminário com os Bispos Referenciais de Leigos e de CEBs.

Referências: DGAE, n. 1, 14, 40, 107 letra e.

Prazo: 2016-2019

1.2. Diálogo com os Movimentos, Associações, Serviços Eclesiais e Novas Comunidades

Objetivo

Contribuir e consolidar o diálogo com os Movimentos, Associações nascidas dos Carismas das

Congregações e Ordens Religiosas, Serviços Eclesiais, as Novas Comunidades e outros grupos.

Estratégias

- Reunir anualmente os dirigentes das diferentes formas organizativas do laicato;
- Reunir as equipes de apoio;
- Realizar encontros específicos destes grupos.

Referências: DGAE, n. 61, 107 letra e.

Prazo: 2016-2019

1.3. Profissionais Cristãos

Objetivo

Estimular a organização e articulação de grupos ou entidades de profissionais católicos de diferentes áreas.

Estratégias

- Realizar um levantamento desses grupos, estabelecendo contatos;
- Organizar seminários para partilha e estudos.

Referência: DGAE, n. 92.

Prazo: 2016-2019

1.4. Formação do Laicato nas Arquidioceses, Dioceses e Prelazias

Objetivo

Socializar o texto Indicativos para a formação do laicato, estimulando o seu estudo para apresentação de emendas; finalizar a redação do texto e oferecer atualização teológica aos responsáveis e docentes dos cursos de formação de leigos.

Estratégias

- Publicar o texto Indicativos para formação do laicato como Estudo da CNBB;
- Estimular o estudo nas dioceses, regionais e/ou macrorregiões para a elaboração de emendas ao texto;
- Realizar Seminários em âmbito nacional, nas macrorregiões e/ou nos Regionais com os docentes e responsáveis pelo processo formativo dos leigos, em particular, pelos cursos de Teologia para leigos;
- Promover encontros de atualização teológica e pedagógica para os responsáveis e docentes envolvidos com os cursos de teologia para leigos das Arquidioceses e Dioceses.

Referência: DGAE, n. 92.

Prazo: 2016-2019

1.5. *Formação de Cristãos Leigos e Leigas em âmbito regional*

Objetivo

Contribuir para o processo formativo no âmbito regional sobre a identidade, vocação, espiritualidade, missão e articulação dos cristãos leigos e leigas.

Estratégias

- Realizar encontros e cursos nos diferentes Regionais da Conferência Nacional dos Bispos do Brasil (CNBB), em particular os Regionais Norte 1, 2 e 3 e Noroeste;
- Participar da Equipe de formação da Região Amazônica.

Referências: DGAE, n. 82, 92, 121.

Prazo: 2016-2019

2. *Eventos*

2.1. *Ano do Laicato*

Objetivos

- Comemorar os 30 anos do Sínodo Ordinário sobre os Leigos (1987) e os 30 anos da publicação da Exortação Apostólica *Christifideles Laici*, de São João Paulo II, sobre a vocação e missão dos leigos na Igreja e no mundo (1988);

- Aprofundar e dinamizar na prática o documento da 54º Assembleia Geral Ordinária da **CNBB**, Cristãos Leigos Sujeitos na Igreja e na Sociedade;
- Estimular e fortalecer de maneira efetiva a presença e a atuação dos cristãos leigos e leigas como "ramos, sal, luz e fermento" na Igreja e na sociedade, como "verdadeiros sujeitos eclesiais" (DAp, n. 497a).

Estratégias

- Elaborar um projeto que envolva toda a Igreja no Brasil, as diferentes expressões laicais, o CNLB, os Regionais e a Comissões Episcopais da CNBB;
- Realizar um grande encontro com o laicato no encerramento do ano (Cristo Rei de 2018);
- Realizar atividades preparatórias em 2016 e 2017 antecedendo o Ano do Laicato.

Referências: DGAE, n. 26, 28, 38, 68, 92.

Prazo: 2016-2019

2.2. Anos Temáticos: "Ano da Misericórdia" e "Ano Mariano"

Objetivo

Incentivar a participação consciente e ativa dos cristãos leigos e leigas em suas comunidades, paróquias e Dioceses, das programações dos Anos Temáticos, em unidade e comunhão com toda a Igreja.

Estratégias

Textos com reflexões e propostas de engajamento nas programações locais.

Referências: DGAE, n. 2, 3, especialmente o Objetivo Geral.

Prazo: 2016-2019

3. Articulação

3.1. Acompanhamento aos Bispos Referenciais dos Leigos e das CEBs

Objetivo

Congregar os Bispos da Comissão Episcopal Pastoral para o Laicato e os Bispos Referenciais dos leigos e das CEBs da CNBB nos Regionais para estudos, planejamento, execução e avaliação do Plano Quadrienal.

Estratégias

- Realização anual de um Seminário com os Bispos Referenciais de Leigos e das CEBs da CNBB nos Regionais, o Grupo de Reflexão, membros do CNLB, da Ampliada das CEBs, dos Serviços Eclesiais, dos Movimentos, Associações Laicais, Novas Comunidades, Profissionais e outros;

- Visitas aos Bispos Referenciais para acompanhamento personalizado e aos Regionais e reuniões no decorrer das Assembleias Gerais Ordinárias da CNBB.

Referências: DGAE, n. 1, 14, 40, 107 letra e.

Prazo: 2016-2019

3.2. Grupo de Reflexão da Comissão Episcopal para o Laicato

Objetivo

Contribuir na reflexão e subsidiar a comissão na execução de suas atribuições, em face da complexa e diversa realidade em que vivem e estão inseridos os cristãos leigos e leigas na Igreja e no mundo.

Estratégias

- Duas reuniões ordinárias por ano;
- Assessorias específicas conforme a temática;
- Colaboração em atividades da Comissão.

Referências: DGAE, n. 18, 19, 24, 25, 29, 30.

Prazo: 2016-2019

3.3. Diálogo com o Conselho Nacional do Laicato do Brasil (CNLB)

Objetivo

Contribuir e acompanhar o processo de articulação do laicato do Brasil, através do CNLB.

Estratégias

- Participar anualmente das reuniões do Colegiado Deliberativo e da Assembleia do CNLB;
- Colaborar na divulgação da Celebração do Dia Nacional dos Cristãos Leigos e Leigas, realizada todos os anos na Solenidade de Cristo Rei.

Referências: DGAE, n. 61, 92.

Prazo: 2016-2019

3.4. Parcerias com outras Comissões

Objetivo

Somar forças e otimizar recursos realizando ações conjuntas com outras comissões da CNBB.

Estratégias

Projetos e atividades previstos no Plano Quadrienal, constantes na programação das diversas comissões, serão realizadas, quando for o caso, com a participação de mais comissões afins. No caso da Comissão

Episcopal Pastoral para o Laicato, estão previstas: Leigos Missionários – Comissões Missionária, Laicato e Juventude. Pastorais Sociais – Comissões Serviço da Caridade, Justiça e Paz e Laicato. Ecumenismo – Comissões para o Ecumenismo e Diálogo Religioso e Laicato. Profissionais e Cultura – Comissões Cultura e Educação e Laicato. Novas Comunidades – Comissões para o Laicato, Ministérios Ordenados, Juventude, Vida e Família. Família – Comissões Vida e Família e Laicato. Cuidado da Casa Comum *Laudato Si'* – Comissão para a Amazônia e Laicato.

Referências: DGAE, n. 61.

Prazo: 2016-2019

4. Subsídios

4.1. Publicações

Objetivos

- Recuperar e divulgar o testemunho de cristãos leigos e leigas mártires e daqueles que viveram o seu compromisso batismal no cotidiano da vida e se tornaram ou são referências;
- Elaborar subsídios de diferentes temáticas envolvendo os cristãos leigos e leigas.

Estratégias

- Constituir uma comissão editorial;
- Publicar em diferentes veículos de comunicação a vida de cristãos leigos e leigas que foram mártires ou testemunharam sua fé no cotidiano da vida;
- Elaborar subsídios para a formação e o agir dos cristãos leigos e leigas;
- Buscar parcerias com editoras, produtores e profissionais e com o Centro de Estudos da História da Igreja Latino Americana (CEHILA Brasil).

Referências: DGAE, n. 16, 17, 28, 33.

Prazo: 2016-2019

3. COMISSÃO EPISCOPAL PARA A AÇÃO MISSIONÁRIA E COOPERAÇÃO INTERECLESIAL

A Comissão Episcopal para a Ação Missionária e Cooperação Intereclesial, em comunhão com as outras comissões da Conferência Episcopal, e em diálogo constante com os Regionais da CNBB, tem como incumbência favorecer e acompanhar a animação, formação, organização, articulação e cooperação missionárias da Igreja no Brasil, em todos os seus níveis. Nesse sentido, procura também corresponder às orientações oriundas da *Cooperatio Missionalis*: "Em virtude da comum responsabilidade missionária dos bispos, em todas as Conferências Episcopais deve constituir-se uma Comissão Episcopal para as missões. Esta tem a tarefa de incrementar a evangelização *ad gentes*, a animação e a cooperação missionária nas suas várias formas, mantendo relações com a Congregação para a Evangelização dos Povos e com a Conferência Episcopal, a fim de garantir a unidade da ação" (n. 2).

Pode-se assim delinear os principais campos de ação da Comissão em três âmbitos e um eixo transversal. A partir desse marco referencial podemos apontar como principais objetivos:

Animação Missionária:

- Presidir e coordenar o Conselho Missionário Nacional (COMINA);
- Contribuir na assessoria do Regionais, sobretudo por meio da articulação dos COMIREs e COMIDIs;
- Promover a espiritualidade e formação missionária em todos os níveis eclesiais;
- Aprofundar a reflexão sobre a missão em colaboração com os organismos missionários.

Missão Continental:

- Acompanhar e animar as iniciativas nas Igrejas Particulares em vista da conversão pastoral: "colocar a Igreja em estado permanente de missão";
- Apoiar e colaborar na articulação de iniciativas e organizações em vista das "missões populares" e da dinamização missionária das Igrejas Locais;
- Subsidiar a formação missionária para coordenadores de pastoral, formadores de presbíteros, jovens, e outros segmentos da vida eclesial, em vista da missão permanente;
- Colaborar e realizar parcerias com outras comissões e entidades em projetos missionários de nível nacional.

Cooperação Intereclesial:

- Acompanhar diretamente os projetos de solidariedade missionária *Ad Gentes* assumidos pela CNBB;
- Contribuir na articulação dos projetos de Igrejas Irmãs e de cooperação intereclesial assumidos no âmbito da Igreja no Brasil;
- Apoiar a formação de missionários além fronteiras, seja os que entram em nosso país, como aqueles que nossa Igreja destina a outros países;
- Colaborar, no âmbito do COMINA, na articulação de organismos e pastorais de cooperação missionária, como a Pastoral dos Brasileiros no Exterior (PBE).

Como eixo transversal desses campos de ação, temos como prioridade a formação missionária, com duas preocupações fundamentais: a pessoa do(a) missionário(a) e tornar os pobres protagonistas da missão.

Composição

Dom Esmeraldo Barreto de Farias – Presidente

Dom Odelir José Magri, MCCJ

Dom Giovanni Crippa, IMC

Dom Bernardo Johannes Bahlmann, OFM

Pe. Sidnei Marco Dornelas, CS – Assessor

Projetos

Ação Missionária

1. Formação e Capacitação

1.1. Formação Missionária dos Conselhos Missionários

Objetivo

Fortalecer os conselhos missionários, por meio da formação e a disponibilização de conteúdo, conforme o documento Missão e Cooperação Missionária, a fim de favorecer a organização missionária em todos regionais, dioceses e paróquias do país.

Estratégias

Realização de um encontro anual no âmbito do Centro Cultural Missionário (CCM).

Referências: DGAE, n. 40; 78.

Prazo: 2016-2019

1.2. Missão Continental

Objetivo

Proporcionar momentos de reflexão e troca de experiências, como também subsidiar e participar de iniciativas, em diferentes níveis eclesiais, que tenham como objetivo efetivar a proposta de Aparecida em todas as Igrejas Particulares e em todos os âmbitos da vida eclesial: "colocar a Igreja em estado permanente de missão".

Estratégias

- Realizar encontros, cujo principal instrumento é o documento Missão e Cooperação Missionária, servindo-se das estruturas de organismos missionários como o CCM e outros, para os momentos de formação e intercâmbio de experiências;
- Apoiar encontros de discernimento de leigos missionários, coordenadores de pastoral, e sobre a paróquia missionária, a formação presbiteral, a missão popular, além de eventos como a Missão Jovem CNBB, entre outros.

Referências: DGAE, n. 35; 40: 76 e 77.

Prazo: 2016-2019

1.3. Assessoria aos Conselhos Missionários Regionais e Diocesanos

Objetivo

Acompanhar, assessorar e colaborar na formação dos Conselhos Missionários Regionais e Diocesanos, buscando fortalecer a articulação da missão em nível dos Regionais, conforme as orientações do documento Missão e Cooperação Missionária.

Estratégias

Atuar por meio de visitas e da participação em suas Assembleias e Encontros de Formação, a convite de sua coordenação, e colaborar na assessoria tendo por base o documento *Missão e Cooperação Missionária.*

Referência: DGAE, n. 78.

Prazo: 2016-2019

2. Eventos

2.1. Congressos Missionários

Objetivo

Participar na preparação brasileira ao Congresso Missionário Americano (CAM5), bem como na preparação do 4º Congresso Missionário Nacional, além de acompanhar os Congressos Missionários, em seus diferentes níveis, que acontecem na Igreja do Brasil.

Estratégias

Em parceria com as POMs e outros organismos missionários, participar das reuniões e outros eventos preparatórios, assim como cooperar nas tarefas de articulação e organização desses eventos.

Referências: DGAE, n. 74, 78, 82.

Prazo: 2016-2019

2.2. Projetos de Cooperação Missionária e Igrejas Irmãs

Objetivo

Avaliar, fomentar e dinamizar os projetos Igrejas Irmãs existentes em nível de Brasil, permitindo sua atualização e o estreitamento das relações entre as Igrejas locais comprometidas com a cooperação missionária, assim como sua inserção na proposta da REPAM.

Estratégias

Realização de um Encontro sobre Igrejas Irmãs, reunindo aquelas que enviam e as que recebem missionários, para uma avaliação da prática desses projetos, assim como uma maior inserção nos projetos da RE-PAM. Esse projeto conta com a parceria da Comissão Episcopal para a Amazônia.

Referências: DGAE, n. 82, 108.

Prazo: 2016-2019

2.3. Leigos e Leigas Missionários(as) Além-Fronteiras

Objetivo

Recolher as experiências de envio de leigos missionários sem fronteiras, e por meio de uma reflexão e discernimento conjunto, propor orientações concretas para fomentar e apoiar projetos de missão *ad gentes*, nas várias modalidades, que contemplem a vocação e o potencial dos leigos e leigas missionários(as).

Estratégias

Estabelecer os contatos e um processo de intercâmbio visando a realização de um Encontro sobre Leigos e Leigas Missionários Além-Fronteiras no quadriênio, reunindo tanto leigos missionários como as organizações que possuem a prática de envio de missionários leigos, a fim de aprofundar a vocação missionária dos leigos, as alternativas concretas de sua inserção nos projetos missionários, e verificar as novas possibilidades de projetos de cooperação além-fronteiras que os incorporem na missão. Este projeto conta com a parceria da Comissão Episcopal Pastoral para o Laicato e a Comissão Episcopal para a Juventude.

Referências: DGAE, n. 82, 92.

Prazo: 2016-2019

3. Cooperação Missionária

3.1. Solidariedade missionária Além-fronteiras da Igreja do Brasil

Objetivo

Acompanhar e articular, em nome da Conferência Episcopal, como pede o regimento da CNBB (II – Comunhão Solidária; Art. 7º – "Ação Missionária 'Além-fronteira'"), os projetos de solidariedade com Igrejas de outras nações.

Estratégia

Em parceria com outras organizações missionárias e entidades, a comissão trabalha em nome da CNBB, no sentido de cumprir as incumbências estabelecidas nos contratos de cooperação entre a Igreja do Brasil e a do país beneficiado, para que seus fins possam ser alcançados.

Referência: DGAE, n. 82.

4. Articulação

4.1. Assembleia e Reuniões do Comina

Objetivo

Articular, a partir do Conselho Missionário Nacional (COMINA), em colaboração com as POMs e outros organismos, em vista da pastoral de conjunto, a animação e a cooperação missionária no Brasil, e executar as atribuições do COMINA para dar continuidade ao trabalho de acompanhamento dos COMIREs e as atividades previstas em sua programação.

Estratégias

Por meio das reuniões e assembleias ordinárias, estabelecer o diálogo e a sinergia de forças necessárias para efetivar as tarefas de articulação do COMINA.

Referência: DGAE, n. 78.

Prazo: 2016-2019

4.2. Reuniões da Comissão e com os Bispos Referenciais

Objetivo

Planejar, acompanhar e avaliar as atividades e projetos da Comissão, em conformidade com as Diretrizes Gerais e os objetivos estabelecidos no Plano Quadrienal.

Estratégias

Por meio dessas reuniões, busca-se estabelecer o diálogo e o entendimento necessário para o cumprimento das atribuições da comissão.

Referências: DGAE, n. 35-40, 77-78, 82.
Prazo: 2016-2019

4.3. Repasse de Auxílio Financeiro das POMs aos COMIREs

Objetivo

Apoio ao custeio das atividades de articulação e à manutenção dos COMIREs de Regionais que possuem menos recursos.

Estratégias

Considerando os relatórios de atividades do ano que passou e a prestação de contas, assim como o planejamento das atividades vindouras, disponibilizar uma verba que possibilite ao COMIRE beneficiado cumprir suas atribuições.

Referência: DGAE, n. 78.

Prazo: 2016-2019

4.4. Manutenção de Atividades Permanentes da Comissão e COMINA

Objetivo

Dar sustentabilidade ao funcionamento da Comissão e COMINA, bem como custear materiais de divulgação e apoio, como folders e a capelinha missionária.

Estratégias

Por meio do levantamento dos recursos materiais da comissão, e em diálogo com outros organismos missionários, adquirir e/ou viabilizar a confecção do material necessário.

Referências: DGAE, n. 35-40, 77-78, 82.

Prazo: 2016-2019

Atividades para 2016

Continuidade dos seguintes projetos de solidariedade missionária:

- Brasil – Haiti (em parceria com a CRB e Fundo Nacional de Solidariedade-FNS);
- Brasil – Guiné Bissau (parceria com o COMINA);
- Brasil – Timor Leste (parceria com a PUC-PR e COMINA).

4. COMISSÃO EPISCOPAL PASTORAL PARA A ANIMAÇÃO BÍBLICO-CATEQUÉTICA

A Comissão Episcopal Pastoral para a Animação Bíblico-Catequética, partindo da Sagrada Escritura e tendo presente as Diretrizes Gerais da Ação Evangelizadora da Igreja no Brasil 2015-2019, a Constituição Dogmática *Dei Verbum*, as Exortações Apostólicas *Verbum Domini* e *Evangelii Gaudium*, a Encíclica *Lumen Fidei* e a Encíclica *Laudato Si'*, sobre a cuidado da Casa Comum, o Catecismo da Igreja Católica, o Diretório Geral da Catequese, o Diretório Nacional da Catequese, o Documento de Aparecida e o Estudo da CNBB sobre Iniciação à Vida Cristã (n. 97), deseja contribuir para que as propostas aí contidas sejam operacionalizadas. Para isso, conta com a colaboração e empenho das Coordenações Regionais da Animação Bíblico-Catequética e dos grupos de reflexão ligados à Comissão. Num esforço de trabalho conjunto, queremos assumir as Urgências da Igreja no Brasil, com destaque para a segunda e a terceira, que requerem maior atenção da Comissão: "Igreja: casa da iniciação à vida cristã", e "Igreja: lugar de animação bíblica da vida e da pastoral". Partindo desses eixos, queremos, em comunhão com as demais Comissões e todos os Regionais da CNBB, assumir os projetos que seguem, com o desejo de reforçar e dinamizar a iniciação à Vida Cristã e a Animação Bíblica da Vida e da pastoral.

Composição

Dom José Antônio Peruzzo – Presidente

Dom Mário Antonio da Silva

Dom Carlos Verzeletti

Pe. Antonio Marcos Depizzoli – Assessor

Projetos

Bíblico-catequética

1. Formação e Capacitação

1.1. Animação Bíblica da Vida e da Pastoral

Objetivo

Articular em nível nacional e regional a animação bíblica da vida e da pastoral, suscitando um renovado vigor para a vida e a ação evangelizadora da Igreja no Brasil.

Estratégias

- Incentivar a criação de comissões regionais e diocesanas de animação bíblica da vida e da pastoral, tendo em vista a formação bíblica permanente na vida da Igreja;

- Facilitar o acesso à Bíblia e oferecer orientações e capacitação para sua adequada leitura e interpretação;
- Incentivar a reflexão contínua das Sagradas Escrituras, com ênfase na Leitura Orante, no itinerário da Iniciação à Vida Cristã, em todas as instâncias pastorais, grupos, movimentos, associações e organismos;
- Cooperar com a Comissão Episcopal Pastoral para a liturgia na formação bíblico-catequética;
- Favorecer o conhecimento da Bíblia entre os agentes culturais, estimulando manifestações artísticas e literárias inspiradas nas Sagradas Escrituras;
- Desenvolver ações que possibilitem o uso crítico das Sagradas Escrituras nas mídias sociais;
- Integrar a animação bíblica da vida e da pastoral no processo formativo dos seminários e institutos de teologia e na formação permanente dos presbíteros.

Referências: DGAE, n. 47-54.

Prazo: 2016-2019

1.2. Estudo de Documentos da Igreja sobre a Palavra de Deus

Objetivo

Conhecer e propagar os documentos da Igreja acerca das Sagradas Escrituras, partindo da *Dei Verbum* até a *Verbum Domini*, e apontar para a riqueza por eles desencadeada para a vida eclesial e a evangelização.

Estratégias

- Tornar conhecidos, estudar e tornar efetivos os documentos em apreço, por parte de presbíteros, agentes de pastoral e do povo;
- Promover encontros, de caráter teológico-pastoral, sobre a Palavra de Deus.

Referências: DGAE, n. 93-101.

Prazo: 2016-2019

1.3. Iniciação à Vida Cristã

Objetivo

Consolidar os itinerários de iniciação à vida cristã, visando à adesão pessoal e permanente a Jesus Cristo, mediante celebrações litúrgicas e vivência comunitária a partir da fé na Trindade.

Estratégias

- Implementar o paradigma da iniciação à vida cristã com inspiração catecumenal nos encontros pastorais, em todos os níveis, em parceria com a Comissão Episcopal Pastoral para a Liturgia;

- Adaptar os itinerários de iniciação à vida cristã com inspiração catecumenal nas diferentes realidades regionais;
- Oferecer subsídios sobre os quatro tempos da iniciação à vida cristã com inspiração catecumenal, destacando seus ritos próprios, em diálogo com a Comissão Episcopal Pastoral para a Liturgia;
- Orientar e incentivar para a leitura de textos querigmáticos na catequese;
- Refletir o processo de Iniciação à Vida Cristã em conjunto com a Comissão Episcopal Pastoral para a Liturgia.

Referências: DGAE, n. 41-46, 83-92.

Prazo: 2016-2019

1.4. Catequese com adultos, de Inspiração Catecumenal
Objetivo

Priorizar a formação inicial e permanente de catequistas com adultos, em vista da missão na Igreja e testemunho de fé na sociedade.

Estratégias

- Suscitar nos Regionais da CNBB o estudo e a divulgação do Ritual de Iniciação Cristã de

Adultos (RICA), para que sirva de inspiração às celebrações;

- Incentivar maior envolvimento dos presbíteros nos projetos de catequese com adultos de inspiração catecumenal;
- Estimular o conhecimento e a familiaridade com a Palavra de Deus através da Leitura Orante;
- Valorizar os círculos bíblicos, as escolas de formação e os encontros de espiritualidade.

Referências: DGAE, n. 49, 51, 84, 90, 103.

Prazo: 2016-2019

1.5. Catequese junto à pessoa com deficiência

Objetivo

Dar continuidade ao processo de reflexão e formação sistemática de catequistas, para atuarem junto às pessoas com deficiência, a fim de garantir-lhes o direito à catequese, à vida comunitária, sacramental e missionária.

Estratégias

- Participar dos programas que a Comissão Bíblico-Catequética dos Regionais da CNBB propõe;
- Incentivar e Animar os regionais para a Catequese junto às pessoas com deficiência;

- Investir na formação de catequistas para atuarem junto às pessoas com deficiência;
- Colaborar na elaboração de subsídios que ajudem na inclusão das pessoas com deficiência.

Referências: DGAE, n. 23, 75.

Prazo: 2016-2019

1.6. Catequese com indígenas

Objetivo

Fortalecer e dinamizar a proposta de uma catequese inculturada e missionária que atenda a realidade dos povos indígenas.

Estratégias

- Dar continuidade aos seminários realizados em parceria com as Comissões Episcopais para a Ação Missionária, para a Liturgia e para a Amazônia, o Conselho Indigenista Missionário e a Pastoral indigenista;
- Apoiar e acompanhar a realização de encontros sobre catequese com indígenas nos Regionais da CNBB;
- Divulgar subsídios que ajudem a melhorar o processo catequético nas comunidades indígenas;
- Motivar os Regionais da CNBB para a formação de catequistas indígenas.

Referências: DGAE, n. 22, 35-40, 75, 80, 117.

Prazo: 2016-2019

1.7. Catequese e Juventude

Objetivo

Apoiar as iniciativas de formação dos Catequistas e lideranças, que atuam juntos aos adolescentes/jovens, favorecendo experiências criativas de encontro pessoal com Jesus Cristo em vista de lhes proporcionar um sentido para a vida e senso eclesial.

Estratégias

- Continuar divulgando o projeto Lectionautas, exercício de Leitura Orante para jovens, veiculado pela internet;
- Motivar a educação da fé através dos meios de comunicação, com ênfase nos meios virtuais;
- Formar capacitadores para uso crítico e eficaz das mídias sociais, na catequese.

Referências: DGAE, n. 23, 51, 59, 68, 76, 84, 90, 106, 113, 126.

Prazo: 2016-2019

2. Eventos

2.1. Rumo aos 50 Anos da Conferência de Medellín (10 anos do DNC; 10 anos da Conferência de Aparecida; 300 anos de Aparecida – Rota 300)

Objetivo

Apoiar as iniciativas de formação continuada dos Catequistas a partir de eventos que celebrem a caminhada da Igreja no Brasil, na América Latina e no Caribe, favorecendo atitudes de gratidão pela história, de renovação da corresponsabilidade eclesial e de alegria de ser discípulo missionário que participa da iniciação de outros no seguimento de Jesus Cristo.

Estratégias

- Para o ano de 2016: Incentivar a articulação de Eventos Diocesanos que correspondam à intenção deste Projeto, tais como: Semanas, Jornadas, Seminários Diocesanos Bíblico--Catequéticos que contemplem essa proposta, culminando com uma peregrinação a um Santuário Mariano na Diocese;
- Para o ano de 2017: Incentivar a articulação de Eventos Regionais que correspondam à intenção deste Projeto, tais como: Congressos, Jornadas, Seminários Regionais Bíblico--Catequéticos que contemplem essa proposta, culminando com uma peregrinação a um Santuário Mariano no Regional;

- Para o ano de 2018: Incentivar, articular e realizar a 4ª Semana Brasileira Bíblico-Catequética, no contexto dos 50 anos da Conferência de Medellín e do Magistério do Papa Francisco.

Referências: DGAE, n. 35-40, 74-82.

Prazo: 2016-2019

2.2. *Ressonâncias do Pontificado do Papa Francisco na Animação Bíblico-Catequética (Lumem Fidei; Evangelii Gaudium; Laudato Si'; Misericordiae Vultus)*

Objetivo

Apoiar as iniciativas de formação continuada dos catequistas e agentes da animação bíblica a partir de eventos que reflitam a recepção do Magistério do Papa Francisco no Brasil, favorecendo a compreensão dos apelos presentes na Carta Encíclica *Lumen Fidei*, na Exortação Apostólica *Evangelii Gaudium*, na Carta Encíclica *Laudato Si'* e na Bula *Misericordiae Vultus*.

Estratégias

- Propor parcerias com as Universidades Católicas e Institutos Superiores de Teologia, através do Setor Universidades da CNBB, para incentivar e apoiar iniciativas no âmbito da reflexão acadêmica sobre os impactos bíblico-catequéticos, pastorais e teológicos do Magistério do Papa Francisco no cenário nacional;

- Participar do Projeto de Seminários sobre a *Laudato Si'* e de outros eventos da REPAM desenvolvido pela Comissão Especial para a Amazônia, colaborando por meio da leitura bíblico-catequética da Encíclica;
- Incentivar a realização do Jubileu dos Catequistas nas Dioceses, por ocasião do Ano Santo da Misericórdia, e ainda, organizar uma representação do Brasil em Roma, em 25 de setembro de 2016, onde se celebrará oficialmente o Jubileu dos Catequistas.

Referências: DGAE, n. 62-70, 109-127.

Prazo: 2016-2019

3. Articulação

3.1. Acompanhamento aos Regionais da CNBB

Objetivo

Manter contatos constantes e assessorar os Regionais da CNBB no que for necessário.

Estratégias

- Ser presença e oferecer assessoria em encontros, seminários e assembleias dos Regionais da CNBB;

- Promover reuniões e encontros de estudos com os coordenadores regionais da animação bíblico-catequética.

Referências: DGAE, n. 83-101.

Prazo: 2016-2019

3.2. Grupo de Reflexão Bíblico-Catequética (GREBI-CAT)

Objetivo

Colaborar na reflexão e produção de subsídios para fazer avançar sempre mais a animação bíblico-catequética da Igreja no Brasil.

Estratégias

Realizar dois encontros anuais para estudo de temas em discussão e encaminhamentos decorrentes disso.

Referências: DGAE, n. 93-101.

Prazo: 2016-2019

3.3. Catequetas, Professores de Pastoral, de Bíblia e de Catequética dos Seminários e Institutos de Teologia

Objetivo

Articular os catequetas e professores de pastoral, Bíblia e de Catequética do Brasil para que desenvolvam um trabalho conjunto em benefício de toda a ação evangelizadora.

Estratégia

Realizar um encontro anual para mútuo conhecimento e estudo de temáticas que ajudem apontar pistas de ação nesta área.

Referências: DGAE, n. 49-50.

Prazo: 2016-2019

3.4. Escolas Regionais de Catequese e Cursos de Pós- -Graduação em Pedagogia Catequética e Pedagogia Bíblica

Objetivo

Favorecer uma formação sistemática aos catequistas, lideranças, presbíteros e religiosos através de uma metodologia adequada para responder aos desafios da iniciação à vida cristã e da animação bíblica da vida e da pastoral.

Estratégias

- Realizar um encontro anual com os coordenadores das escolas catequéticas dos Regionais da CNBB, em conjunto com os coordenadores regionais de animação bíblico-catequética;

- Incentivar e acompanhar os cursos de pós-graduação em Pedagogia Catequética e Pedagogia Bíblica;
- Discutir a possibilidade de criação e implantação do Mestrado em Catequese no Brasil.

Referências: DGAE, n. 91, 92, 96-98.

Prazo: 2016-2019

3.5. Bispos Referenciais da Animação Bíblico-Catequética nos Regionais da CNBB

Objetivo

Aprofundar o processo de animação bíblico-catequética da Igreja no Brasil, estabelecendo diretrizes e princípios orientadores para esse trabalho.

Estratégias

Promover um encontro bienal com todos os Bispos Referenciais da animação bíblico-catequética nos Regionais da CNBB.

Referências: DGAE, n. 91, 92, 101.

Prazo: 2016-2019

4. Subsídios

4.1. Mês da Bíblia

Objetivo

Dar continuidade à tradição de celebrar cada ano o Mês da Bíblia (setembro) através de estudos e celebrações que ajudem a tornar a Palavra de Deus sempre mais conhecida e amada.

Estratégias

Realizar uma reunião anual com representantes das editoras e entidades para organizar subsídios como: Texto-Base e roteiros para os Círculos Bíblicos, cartaz, DVDs etc.

Referências: DGAE, n. 53, 54, 93-101.

Prazo: 2016-2019

4.2. Produção de Subsídios Bíblico-Catequéticos

Objetivo

Propiciar aos catequistas formação sistemática permanente.

Estratégias

- Continuar a publicação dos principais temas do Diretório Nacional da Catequese em linguagem simplificada para as comunidades;

- Produzir, publicar e divulgar o Texto-Base do Mês da Bíblia, com roteiros para os Círculos Bíblicos e grupos de reflexão;
- Elaborar subsídios sobre os quatro tempos da iniciação à vida cristã com inspiração catecumenal.

Referência: DGAE, n. 93.

Prazo: 2016-2019

5. COMISSÃO EPISCOPAL PASTORAL PARA A DOUTRINA DA FÉ

A Comissão Episcopal Pastoral para a Doutrina da Fé tem como incumbência assistir a CNBB no exercício do magistério doutrinal, zelando pela fidelidade da Doutrina e pela integridade de sua transmissão. Cabe-lhe também promover a inteligência da fé, ou seja, a reflexão teológica, de modo que possa responder adequadamente aos questionamentos e desafios atuais.

Para o cumprimento desta sua missão, esmera-se por promover a fidelidade à doutrina da Igreja; emite parecer sobre publicações que exigem esclarecimento a respeito da sua concordância com a fé; avalia, do ponto de vista doutrinal, os textos destinados à publicação; esclarece questões que dizem respeito à fé e à moral cristãs; serve como órgão de consulta, no campo doutrinário, para as dioceses do Brasil; anima a reflexão bíblico-teológica e favorece o diálogo entre teólogos, suas entidades e a CNBB.

A Comissão Episcopal Pastoral para a Doutrina da Fé (CEPDF), para o cumprimento de sua missão, conta com a colaboração do Grupo Interdisciplinar de Peritos (GIP) e do Grupo de Peritos em Bíblia (GPB). O GIP é um órgão de assessorial teológica para auxiliar a CEPDF no cumprimento de sua missão e de suas atribuições. O GPB é encarregado da revisão da tradução da Bíblia da CNBB e corresponsável na revisão dos Lecionários Litúrgicos.

Composição

Dom Pedro Carlos Cipollini – Presidente

Dom João Santos Cardoso

Dom Marcos Piatek, CSSR

Dom Waldemar Passini Dalbello

Dom Leomar Antônio Brustoli

Mons. Antonio Luiz Catelan Ferreira – Assessor

Projetos

Doutrina da Fé

1. Formação e Capacitação

1.1. Congresso de Atualização Teológica para Professores de Teologia

Objetivo

Oportunizar aos professores de teologia a reflexão sobre o estado atual das questões fundamentais da teologia, e suas implicações sistemáticas, pastorais e ecumênicas.

Estratégias

Realizar um congresso temático, no qual se exponha, debata e estude o estado atual dos temas fundamentais da teologia.

Referência: DGAE, n. 91.

Prazo: 2016-2019

1.2. Simpósio sobre Laicidade e Laicismo

Objetivo

Compreender a história do pensamento dito "laico" e de suas diversas expressões, bem como de seu impacto sobre a compreensão do papel da religião e da Igreja Católica na sociedade e diante das instituições públicas.

Estratégias

Realizar um Simpósio para o estudo de temas afins à laicidade.

Referência: DGAE, n. 25.

Prazo: 2018

2. Eventos

2.1. Simpósio: Os Fundamentos Antropológicos do Magistério do Papa Francisco

Objetivo

Oportunizar o conhecimento dos fundamentos antropológicos do pensamento teológico do Papa

Francisco e suas implicações nos vários campos de seu Magistério.

Estratégias

Realizar um Simpósio temático, em que se exponha, debata e estude os elementos antropológicos da teologia do Papa, seus fundamentos e suas implicações.

Referência: DGAE, n. 24.

Prazo: 2016-2019

3. Articulação

3.1. Cadastro de Pós-Graduados

Objetivo

Disponibilizar um banco de dados dinâmico e atualizado, reunindo informações sobre pessoas que tenham pós-graduação nas diversas áreas de conhecimento e atuem em instituições eclesiais, sobretudo as de ensino.

Estratégias

Realizar o cadastramento dos pós-graduados no site da CNBB e divulgá-lo.

Referência: DGAE, n. 50.

Prazo: 2016- 2019

3.2. Participação em Eventos Promovidos por Associações Teológicas

Objetivo

Acompanhar os temas estudados e debatidos pelos teólogos no Brasil e, eventualmente, colaborar em estudo e aprofundamento.

Estratégias

Deixar os membros da Comissão, bem como os assessores e membros do Grupo Interdisciplinar de Peritos (GIP) e do Grupo de Peritos em Bíblia (GPB), disponíveis para atender às solicitações feitas à Comissão.

Referência: DGAE, n. 61.

Prazo: 2016- 2019

3.3. Reuniões da Comissão

Objetivo

Reunir os bispos membros da Comissão e o Assessore para dar encaminhamento às atividades planejadas.

Estratégias

Reunir-se periodicamente para planejar e avaliar.

Referências: DGAE, n. 9, 10.

Prazo: 2016-2019

3.4. Reunião da Comissão com o GIP e o Grupo de Peritos em Bíblia

Objetivo

Oferecer assessoria aos membros da CEPDF a respeito de temas atuais da teologia e da moral, e de temas ligados a eventos eclesiais de maior significado.

Estratégias

Promover uma reunião anual, no início do ano.

Referências: DGAE, n. 9, 10.

Prazo: 2016-2019

3.5. Encontro com os Presidentes das Sociedades de Teólogos e Teólogas Católicos

Objetivo

Cumprir uma das atribuições da Comissão Episcopal Pastoral para a Doutrina da Fé, que é favorecer o diálogo entre os teólogos.

Estratégias

Realizar um encontro para troca de informações, experiências e compartilhamento de material.

Referência: DGAE, n. 61.

Prazo: 2017

4. Subsídios

4.1. Revisão da Tradução da Bíblia – Edição da CNBB

Objetivo

Contar com um texto da Bíblia que seja referencial para os documentos oficiais, para a pastoral, e que atenda de modo adequado às necessidades eclesiais e acadêmicas.

Estratégias

Rever e traduzir textos, aperfeiçoando a Bíblia – Edição da CNBB.

Referências: DGAE, n. 54, 97.

Prazo: 2016-2017

4.2. Tradução dos Documentos da Comissão Teológica Internacional

Objetivo

Contribuir com os estudos teológicos, por meio da publicação dos documentos da Comissão Teológica Internacional (CTI).

Estratégias

Traduzir e publicar todos os documentos da Comissão Teológica Internacional.

Referência: DGAE, n. 91.

Prazo: 2016-2019

4.3. Querigma e Reino de Deus

Objetivo

Aprofundar o significado do querigma para a vida e a missão atual da Igreja.

Estratégias

Elaborar um texto de cunho teológico-pastoral sobre o Querigma e o Reino de Deus, a ser publicado na coleção Subsídios Doutrinais da CNBB.

Referência: DGAE, n. 44.

Prazo: 2016-2019

4.4. Laicidade e Laicismo

Objetivo

Atender à necessidade de esclarecimento do conceito de laicidade, fundamental na relação entre a Igreja e a sociedade e entre a Igreja e o Estado.

Estratégias

Elaborar um texto de cunho teológico e didático sobre a nova evangelização, centrado no tema do encontro com Cristo.

Referência: DGAE, n. 25.

Prazo: 2016-2019

6. COMISSÃO EPISCOPAL PASTORAL PARA A LITURGIA

A ação evangelizadora da Igreja "destaca o lugar que a liturgia, celebrada na comunidade dos fiéis, ocupa na ação missionária da Igreja e no seguimento de Jesus Cristo. Sendo intimamente unida ao conteúdo do anúncio (*lex orandi, lex credendi*), ela 'é o ápice para o qual tende a ação da Igreja e, ao mesmo tempo, a fonte de onde emana toda a sua força' (SC, n. 10) Por isso, 'nenhuma atividade pastoral pode se realizar sem referência à liturgia' (DPb, n. 927). Enfim, ela, fonte de verdadeira alegria (At 2,46), tem um papel fundamental na missão evangelizadora da Igreja, na consolidação da comunidade cristã, e na formação dos discípulos missionários" (DGAE, n. 46).

Por isso, a Comissão Episcopal Pastoral para a liturgia (CEPL) pretende promover, fortalecer e acompanhar a vida litúrgica da Igreja no Brasil e o seu processo de renovação e enculturação, pois a missão da Igreja nasce da "dimensão celebrativa e festiva da fé cristã centrada no mistério pascal de Cristo Salvador, em particular na Eucaristia" (DAp, n. 99p).

A CEPL compõe-se de três setores: Pastoral Litúrgica, Música Litúrgica e Espaço Litúrgico.

Composição

Dom Armando Bucciol – Presidente

Dom Edmar Peron

Dom Geremias Steinmetz

Assessores

Espaço Litúrgico: Pe. Thiago Faccini Paro

Música e canto pastoral: Eurivaldo Silva Ferreira

Pastoral Litúrgica: Fr. Faustino Paludo, OFMCap

Projetos

Espaço Litúrgico

1. Formação e Capacitação

1.1. Encontros Nacionais e Regionais de Formação em Arte Sacra e Espaço Litúrgico

Objetivo

Oportunizar a iniciação e a reflexão litúrgica aos arquitetos, artistas e pessoas envolvidas em construções, reformas e restauração de igrejas.

Estratégias

- Promover encontros nacionais (2017 e 2019) de arquitetos, artistas e pessoas ligadas à construção, reforma e restauração de igrejas;
- Incentivar a criação de Comissões de Arte Sacra nos Regionais e Dioceses;
- Motivar a realização de encontros e cursos formativos nas Dioceses e Regionais com a assessoria de profissionais;
- Apoiar os profissionais, leigos, sacerdotes e religiosos envolvidos em reformas e construção de igrejas.
- Viabilizar junto às universidades a criação de cursos de especialização em espaço litúrgico e arte sacra.

Referências: DGAE, n. 99, 44, 46, 86, 87.

Prazo: 2015-2019

2. Eventos

2.1. Exposição Itinerante – 50 Anos da Sacrosanctum Concilium. Arquitetura e Arte Sacra: Avanços e Perspectivas

Objetivo

Expor a trajetória das mudanças dos espaços litúrgicos no Brasil, na América Latina e no Caribe a partir do Concílio Vaticano II.

Estratégias

- Difundir a Exposição Itinerante, articulando os Regionais e Dioceses da CNBB e outros espaços pertinentes;
- Levar a Exposição para a 54ª Assembleia dos Bispos do Brasil. Utilização de equipamentos multimídia; exposição interativa; utilização de imagens.

Referências: DGAE, n. 46, 86, 87, 99.

Prazo: 2015-2016

3. Articulação

3.1. Viagens do Assessor para Reuniões em Brasília

Objetivo

Participar de reuniões específicas da Conferência Episcopal, e sobretudo da Comissão de Liturgia em que o assessor do setor está inserido.

Estratégias

Reuniões com os bispos referenciais da Comissão de Liturgia, bem como com os demais assessores.

Prazo: 2015-2019

4. Subsídios

4.1. "Projeto-Modelo" Arquitetônico de Igreja na Amazônia

Objetivo

Disponibilizar às pequenas comunidades da região amazônica projetos arquitetônicos de igrejas e capelas, modulado e adaptável a cada situação e local.

Estratégias

- Fazer parceria com a Comissão da Amazônia;
- Favorecer a realização de visitas programadas de arquitetos da equipe de reflexão do Setor Espaço Litúrgico a dioceses da Amazônia;
- Definir um programa que responda às necessidades dessas dioceses.

Referências: DGAE, n. 3, 34, 121.

Prazo: 2015-2019

4.2. Orientações para Reforma, Adaptação e Restauração de Igrejas

Objetivo

Produzir um texto com orientações para projetos de arquitetura e execução de obras de adaptação, reformas e restauração de igrejas.

Estratégias

- Dar sequência ao Estudo 106, complementando orientações para adaptações, reforma e restauração de igrejas sob orientação da liturgia que ali se celebra;
- Encaminhar para a aprovação e edição;
- Orientar e acompanhar os projetos em Regionais e dioceses em que não haja a Comissão.

Referências: DGAE, n. 34, 87.

Prazo: 2015-2019

Música Litúrgica

1. Formação e Capacitação

1.1. Formação de Agentes de Música Litúrgica

Objetivo

Oportunizar momentos e espaços favoráveis para o conhecimento e o fazer litúrgico-musical.

Estratégias

- Articular com as iniciativas já existentes, as comissões diocesanas de música, as faculdades, escolas e institutos de Teologia, para acompanhar, buscar parcerias, valorizar e apoiar as iniciativas de formação litúrgico-musical que já existem nos Regionais e Dioceses;

- Assessorar cursos de canto e música litúrgica nos Regionais;
- Organizar e acompanhar o Curso Ecumênico de Formação e Atualização Litúrgico-Musical (CELMU);
- Promover encontros com regentes de coros litúrgicos.

Referências: DGAE, n. 91, 44, 46, 86, 87.

Prazo: 2016-2019

1.2. Formação de Compositores e Letristas

Objetivo

Possibilitar a formação continuada dos compositores e letristas de música litúrgica.

Estratégias
- Realizar encontro anual de compositores com assessorias especializadas nas áreas de liturgia, música e cultura;
- Incentivar e acompanhar a criação de novas músicas litúrgicas;
- Trabalhar a criação a partir de critérios estéticos, teológicos, bíblicos, pastorais e rituais na construção da música litúrgica;
- Oferecer à Igreja no Brasil um repertório que possa preencher lacunas existentes no repertório do Hinário Litúrgico, bem como de

outras realidades, como a iniciação cristã, os demais sacramentos e sacramentais.

Referências: DGAE, n. 99, 44, 46, 86, 87.

Prazo: 2016-2019

1.3. Revisão e Edição dos Hinários Litúrgicos da CNBB

Objetivo

Revisar e atualizar os fascículos III (Tempo Comum) e IV (Comum dos Santos e Sacramentos) do Hinário Litúrgico da CNBB.

Estratégias

- Articular junto à Editora Paulus a impressão, publicação, distribuição e venda dos fascículos revisados;
- Promover encontros com a Equipe de Reflexão a fim de revisar e adequar o repertório existente, bem como sugerir novo repertório;
- Encaminhar aos bispos da comissão para aprovação oficial;
- Fazer o lançamento das partituras em três fascículos referentes ao Ano A, Ano B e Ano C;
- Fazer contato com os compositores para viabilização do processo de cessão de direitos autorais.

Referências: DGAE, n. 86, 87, 14, 43.

Prazo: 2016-2019

1.4. Músicas para Celebrações dos Sacramentos e Sacramentais

Objetivo

Oferecer às comunidades um repertório adequado para a celebração dos sacramentos de Iniciação à Vida Cristã (Batismo, Confirmação e Eucaristia), sacramentos de missão (Ordem e Matrimônio), sacramentos de cura (Reconciliação e Unção dos Enfermos) e sacramentais (Exéquias e outros).

Estratégias

- Articular junto à Editora Paulus a gravação, publicação, distribuição e venda do material produzido;
- Avaliar e adequar o repertório existente do Hinário Litúrgico da CNBB para a celebração dos sacramentos e sacramentais;
- Produzir novas composições para completar o repertório existente;
- Fazer contato com os compositores para viabilização do processo de cessão de direitos autorais;
- Editar as partituras.

Referências: DGAE, n. 14, 43.

Prazo: 2016-2019

1.5. Campanha da Fraternidade e Cantos Quaresmais

Objetivo

Colaborar na elaboração do material litúrgico-
-musical da Campanha da Fraternidade (CF).

Estratégias

- Estabelecer parceria com a equipe da CF;
- Lançar o edital do concurso da letra e da música do hino da CF;
- Escolher e gravar o Hino da CF;
- Selecionar, editar e gravar um repertório de cantos para as celebrações do tempo quaresmal.

Referência: DGAE, n. 110.

Prazo: 2016-2019

1.6. Liturgia das Horas

Objetivo

Encaminhar e tornar disponível a gravação das partes cantáveis da Liturgia das Horas.

Estratégias

- Providenciar a gravação com cantores e cantoras das próprias comunidades;
- Tornar disponível o áudio no site da CNBB e outros sites e plataformas.

Referência: DGAE, n. 129b.

Prazo: 2016-2019

1.7. Reuniões da Equipe de Reflexão

Objetivo

Discutir e avaliar a caminhada do setor, bem como encaminhar seus projetos com uma Equipe de Reflexão, constituída por especialistas da área e representantes das grandes regiões do país.

Estratégias

- Garantir duas reuniões anuais da Equipe de Reflexão;
- Dialogar com as outras Equipes da Comissão Episcopal para a Liturgia;
- Subsidiar a reflexão e as atividades pastorais das Equipes Regionais e diocesanas de música litúrgica;
- Articular com outros organismos a produção da música litúrgica e sua formação ministerial.

Referências: DGAE, n. 87, 89, 115.

Prazo: 2016-2019

Pastoral Litúrgica

1. Formação e Capacitação

1.1. Formação Litúrgica nos Seminários e Casas de Formação

Objetivo

Contribuir com o processo da formação litúrgica nos seminários e nas casas de formação.

Estratégias

- Atuar em parceria com as Comissões: Ministérios Ordenados e Vida Consagrada, Doutrina da Fé e a Conferência dos Religiosos do Brasil (CRB);
- Incentivar encontros de formação litúrgica com os seminaristas e formandos nos Regionais da CNBB;
- Produzir subsídios que ajudem na formação e vivência litúrgica no processo formativo dos seminaristas e formandos;
- Encaminhar a reedição da Instrução sobre a Formação Litúrgica nos Seminários e Casas de Formação.

Referências: DGAE, n. 25,44, 46, 86.

Prazo: 2016-2019

1.2. Formação Litúrgica dos Diáconos Permanentes

Objetivo

Oferecer aos Diáconos Permanentes uma sólida formação, para o exercício do seu ministério litúrgico nas celebrações que são cume e fonte da missão profética e caritativa da Igreja.

Estratégias

- Estabelecer parceria com a Comissão de Vocações e Ministérios;
- Acompanhar a formação litúrgica dos diáconos em suas escolas formativas;
- Participar do Encontro dos Diretores das Escolas Diaconais;
- Assessorar as Escolas de Formação Diaconal;
- Colaborar na preparação e execução das Celebrações Litúrgicas das Assembleias dos Diáconos.

Referências: DGAE, n. 25, 44, 46, 86, 87, 107.

Prazo: 2017-2018

1.3. Formação Litúrgica na Amazônia Legal

Objetivo

Iniciar os agentes de pastoral das comunidades da Igreja na Amazônia na perspectiva de uma liturgia missionária e inculturada.

Estratégias

- Partilha de saberes;
- Semanas intensivas de formação;
- Responder à desafiante vida litúrgica de nossas comunidades;
- Trabalho com a comissão Pastoral Litúrgica.

Referências: DGAE, n. 4, 13, 28, 31, 34, 32, 37.

Prazo: 2016-2018

1.4. Inculturação da Liturgia entre os Povos Indígenas e Afrodescendentes

Objetivo

Colaborar com os estudos e aprofundamentos do processo da inculturação da liturgia a partir das culturas e expressões religiosas dos povos indígenas e afrodescendentes.

Estratégias

- Fazer contatos e articulações com as Comissões Episcopais Pastoral para a Ação missionária, Catequética e Amazônica e o Conselho Indiginista Missionário e a Pastoral Indigenista;
- Apoiar e acompanhar a realização de encontros sobre catequese e liturgia com indígenas nos Regionais da CNBB;

- Cooperar com o setor da pastoral afro-brasileira para organizar estudos, seminários e encontros sobre estes temas.

Referências: DGAE, n. 22, 75, 80, 117.

Prazo: 2016-2019

1.5. Liturgia em Vista de uma Igreja em Estado de Missão

Objetivo

Aprofundar a natureza e a prática litúrgica para uma Igreja em estado permanente de missão.

Estratégias

Realizar um encontro com liturgistas, missiólogos e missionários em vista da promoção de uma reflexão que permita produzir orientações e subsídios para a prática celebrativa e a formação dos agentes pastorais e missionários.

Referências: DGAE, n. 35-36; 46; 87-88.

Prazo: 2016-2018

2. Eventos

2.1. Congresso Mariológico

Objetivo

Refletir sobre o lugar Maria na liturgia e na piedade popular, situando-a no contexto da espiritualidade cristã.

Estratégias

- Preparar e realizar o congresso em parceiras com o Santuário de Aparecida, a Academia Marial, os Reitores de Santuários, Comissões Episcopal de Doutrina e de Liturgia;
- Publicar um subsídio que reflita o lugar de Maria na Liturgia e na piedade popular;
- Reeditar os textos eucológicos e o Lecionário das Missas de Nossa Senhora;
- Envolver os Institutos e Faculdades de Teologia na reflexão e nas atividades do Congresso Mariológico.

Referências: DGAE, n. 88, 129.

Prazo: 2016

2.2. Liturgia e Comunicação (rádio e emissoras de TV)

Objetivo

Contribuir com a Comissão Episcopal Pastoral para a Comunicação, em vista da qualidade das celebrações litúrgicas transmitidas pelas emissoras de televisão católicas e a emergência das novas tecnologias.

Estratégias

- Dar continuidade aos encontros com as emissoras católicas;
- Viabilizar a possibilidade de encontros com os responsáveis pelas celebrações transmiti-

das pelos meios de Comunicação e as novas mídias sociais;

- Lançar bases para um encontro anual com os responsáveis pelas celebrações transmitidas pela TV;
- Implementar as orientações do Diretório de Comunicação;
- Colaborar com as iniciativas da Comissão Episcopal Pastoral da Comunicação.

Referências: DGAE, n. 59, 91, 99, 100, 118b.

Prazo: 2016-2019

2.3. Encontros Nacionais de Reitores de Santuários

Objetivo

Apoiar os Encontros Nacionais de Reitores de Santuários.

Estratégias

- Garantir a participação dos assessores e de um bispo na Comissão do encontro;
- Preparar e realizar o Congresso Mariológico em conjunto com os Santuários.

Referências: DGAE, n. 2, 45, 76, 86, 87.

Prazo: 2016-2019

2.4. Campanhas Anuais da CNBB

Objetivo

Colaborar na elaboração dos subsídios litúrgicos para as Campanhas da Fraternidade e para a Campanha da Evangelização.

Estratégias

- Elaborar a oração e as celebrações quaresmais da Campanha da Fraternidade;
- Elaborar a oração e os subsídios para as celebrações da Campanha para a Evangelização.

Referências: DGAE, n. 109, 124.

Prazo: 2016-2019

2.5. 50 Anos de Medellín

Objetivo

Comemorar os 50 anos do Documento Latino-Americano de Medellín, na perspectiva de sua contribuição para a liturgia.

Estratégias

- Realizar um Seminário Nacional de Liturgia e repassar suas conclusões para os Regionais;
- Convocar os coordenadores das Entidades Promotoras e das Escolas de Liturgia (Atualização, Especialização e Mestrado), para uma avaliação do processo formativo.

Referências: DGAE, n. 45, 86, 87.

Prazo: 2017-2019

3. Articulação

3.1. Animação da Pastoral Litúrgica nos Regionais
Objetivo

Refletir, avaliar e apoiar a vida litúrgica nos Regionais da CNBB, indicando diretrizes e critérios em vista da articulação da pastoral litúrgica.

Estratégias

- Trabalhar em sintonia com os secretários executivos dos Regionais da CNBB em vista da ação pastoral de conjunto;
- Realizar encontros com os responsáveis pela Pastoral Litúrgica Regional, nas regiões do país: Norte, Nordeste, Sudeste, Sul e Centro--Oeste;
- Realizar o Encontro dos Bispos Referenciais da Liturgia nos Regionais;
- Propor subsídios de formação litúrgica para as Equipes Diocesanas e Regionais de Liturgia;
- Marcar presença nos eventos da pastoral litúrgica promovidos pelas Equipes Regionais;

- Viabilizar a animação litúrgica nos Regionais em conjunto com os três setores da Comissão Episcopal Pastoral para a Liturgia.

Referências: DGAE, n. 45, 86.

Prazo: 2016-2019

3.2. Encontros dos três setores da Comissão Episcopal
Objetivo

Constituir a Equipe de Reflexão de cada Setor da Comissão Episcopal Pastoral para a Liturgia com especialistas das três áreas e representantes das grandes regiões do país.

Estratégias
- Efetuar uma reunião anual dos três Setores da Comissão Episcopal para a liturgia;
- Garantir duas reuniões anuais das Equipes de Reflexão de cada setor;
- Subsidiar a reflexão e as atividades pastorais das Equipes Regionais e diocesanas de Liturgia;
- Garantir a realização do Encontro dos três setores como instância de comunhão, de assessoria e de ação conjunta na realização dos projetos pastorais.

Referências: DGAE, n. 53, 87, 89, 105.

Prazo: 2016-2019

3.3. Entidades Promotoras da Vida Litúrgica

Objetivo

Manter contato e apoiar as iniciativas das Entidades que promovem a vida litúrgica no Brasil.

Estratégias

- Tomar parte de eventos, encontros e cursos promovidos por essas Entidades;
- Integrar as Entidades na realização dos Projetos da Comissão Episcopal de Liturgia.

Referência: DGAE, n. 87.

Prazo: 2016-2019

3.4. Encontros das Comissões Nacionais de Liturgia

Objetivo

Participar dos Encontros das Comissões Nacionais de Liturgia (CONALI) promovidos pelo CELAM.

Estratégias

- Tomar parte dos eventos latino-americanos, quando convidados;
- Responder às solicitações do Departamento de Liturgia do CELAM;
- Manter contato com as Comissões Litúrgicas dos países latino-americanos.

Referência: DGAE, n. 122.

Prazo: 2016-2019

3.5. *Reuniões da Equipe de Reflexão*

Objetivo

Assessorar a comissão na reflexão, preparação, execução e avaliação dos projetos do plano quadrienal.

Estratégias

Realizar reunião anual entre as equipes dos três setores da Comissão (Liturgia, Música e Arte Sacra) e duas reuniões anuais de cada equipe.

Referências: DGAE, n. 53, 86, 87, 105.

Prazo: 2015-2019

3.6. *Reuniões da Comissão Episcopal para a Liturgia*

Objetivo

Programar e avaliar os projetos da Comissão, promovendo a integração e mútua ajuda entre os seus membros.

Estratégias

Uma reunião anual com os três bispos e os três assessores dos setores da Comissão.

Referências: DGAE, n. 46, 87, 88.

Prazo: 2016-2019

3.7. Atividades Permanentes da Comissão

Objetivo

Criar condições para que a Comissão cumpra suas metas no dia a dia.

Estratégias

Elaboração e distribuição de subsídios através do Correio e de meios eletrônicos disponíveis.

Prazo: 2016-2019

4. Subsídios

4.1. Acompanhamento aos Editores de Folhetos e Subsídios Litúrgicos

Objetivo

Acompanhar o trabalho dos editores de subsídios (folhetos), refletindo os critérios litúrgicos para a sua elaboração.

Estratégias

- Garantir um encontro anual com os Editores para avaliar a elaboração dos subsídios;
- Integrar os Editores na ação evangelizadora e na animação da vida litúrgica da Igreja no Brasil;

- Proporcionar critérios orientativos em vista do aprimoramento dos subsídios litúrgicos para as diferentes formas celebrativas.

Referência: DGAE, n. 87.

Prazo: 2016-2019

4.2. *Tradução e Revisão dos Textos Litúrgicos*
Objetivo

Concluir a revisão da 3ª edição típica do Missal Romano, da Liturgia das Horas e do Martirológico Romano.

Estratégias

- Favorecer o trabalho de tradução e revisão por parte dos peritos;
- Realizar três reuniões anuais da CETEL para a revisão do trabalho dos peritos;
- Apresentar os textos revistos à Assembleia Geral da CNBB para aprovação e encaminhamento à Sé Apostólica.

Referências: DGAE, n. 46, 48.

Prazo: 2016-2019

4.3. *Subsídio para a Formação Litúrgica Popular*
Objetivo

Disponibilizar para as Equipes de Liturgia e comunidades eclesiais subsídios simples, objetivos e de fácil aquisição.

Estratégias

- Elaborar, revisar e publicar o Diretório Litúrgico Nacional;
- Viabilizar a produção de pequenos vídeos sobre temas relacionados à liturgia;
- Buscar e traduzir obras que alimentem a reflexão e a caminhada litúrgica;
- Elaborar e publicar a Novena de Natal e os Roteiros Homiléticos;
- Viabilizar a elaboração e a publicação de subsídios para as Celebrações Dominicais da Palavra de Deus.

Referências: DGAE, n. 50, 86, 87.

Prazo: 2016-2019

4.4. Celebrações Dominicais da Palavra de Deus

Objetivo

Oferecer às comunidades eclesiais orientações litúrgico-pastorais sobre as celebrações dominicais da Palavra de Deus.

Estratégias

- Constituir uma comissão de bispos, biblistas e liturgistas para que, em base à avaliação e à reflexão da atual prática celebrativa, apresente orientações litúrgico-pastorais para as celebrações dominicais da Palavra de Deus, a serem aprovadas pelo Conselho Permanente;

- Reunir os editores dos subsídios relacionados às Celebrações Dominicais da Palavra de Deus para uma avaliação e reflexão conjunta.

Referências: DGAE, n. 89, 99.

Prazo: 2016-2018

7. COMISSÃO EPISCOPAL PASTORAL PARA O ECUMENISMO E O DIÁLOGO INTER-RELIGIOSO

A Comissão Episcopal Pastoral para o Ecumenismo e o Diálogo Inter-Religioso tem por missão promover a unidade dos cristãos e o diálogo inter-religioso no âmbito da Igreja Católica no Brasil, conforme orientações do magistério e em atenção ao cenário religioso do país. Este objetivo geral se traduz em mais de uma dezena de atribuições específicas.

Estimulamos a explicitação da dimensão ecumênica e do diálogo inter-religioso na ação evangelizadora da Igreja no Brasil, favorecendo a recepção dos documentos do magistério a este respeito, apoiando dioceses e Regionais da CNBB na criação e organização de Comissões para o ecumenismo e o diálogo inter-religioso.

Propomos encontros de formação e atualização sobre ecumenismo e diálogo inter-religioso para agentes de pastoral, Bispos Referenciais dos Regionais da CNBB e professores da área nos Institutos, Seminários e Faculdades de Teologia do Brasil.

É meta da Comissão acompanhar o planejamento e apoiar a execução dos projetos dos organismos ecumênicos dos quais a CNBB é membro (Conselho Nacional de Igrejas Cristãs do Brasil – CONIC e Coordenadoria Ecumênica de Serviços – CESE), e, na medida do possível, estabelecer parcerias com outros organismos ecumênicos nacionais e internacionais que possam colaborar com a Comissão na execução de seus projetos de caráter ecumênico.

Composição

Dom Francesco Biasin – Presidente

Dom Manoel João Francisco

Dom Zanoni Demettino Castro

Pe. Marcus Barbosa Guimarães – Assessor

Projetos

Ecumenismo

1. Formação e Capacitação

1.1. Curso para Comissões de Ecumenismo e Diálogo Inter-Religioso e para Agentes de Pastoral

Objetivos

- Estudar os desafios à pratica do diálogo ecumênico e inter-religioso atual, aprofundando o conhecimento do pluralismo eclesial e religioso no Brasil;

- Fortalecer a ação das diversas comissões regionais, diocesanas e bilaterais para o diálogo ecumênico e inter-religioso.

Estratégias

- Envolver e motivar os bispos referenciais, as coordenações das comissões de ecumenismo e diálogo inter-religioso;
- Dar maior atenção a encontros por grandes áreas regionais;
- Promover aproximação e cooperação com a comissão bíblico-catequética.

Referências: DGAE, n. 79-81.

Prazo: 2016-2019

1.2. Formadores dos Seminários e Professores de Institutos e Faculdades de Teologia

Objetivo

Apresentar a importância da dimensão ecumênica e inter-religiosa na formação, espiritualidade e ação pastoral do presbítero.

Estratégias

- Aprofundar os Documentos da Igreja relacionados ao ecumenismo e diálogo inter-religioso;

- Entrar em contato com a **OSIB** pedindo espaços nos seus encontros em nível regional e nacional;
- Promover em algumas Faculdades cursos de pós-graduação *lato sensu* em ecumenismo e diálogo inter-religioso;
- Promover aproximação e cooperação com a Comissão de Vocações e Ministérios.

Referências: DGAE, n. 91, 106-107a.b.

Prazo: 2016-2019

1.3. Religiões e Cuidado com a Casa Comum no Cenário Brasileiro

Objetivo

Explicitar a contribuição no cuidado da Criação, através das diversas tradições religiosas no Brasil, a partir da Encíclica *Laudato Si'*.

Estratégias

- Mapear as mais presentes expressões religiosas no Brasil (Judaísmo, Islamismo, Budismo, religiões de matrizes africanas e religiões indígenas);
- Estabelecer contato com lideranças e fazer sondagem de interesse;
- Definir agenda e temáticas;
- Captar apoio em parceria com instituições acadêmicas, governamentais ou não.

Referências: DGAE, n. 80, 121-122.

Prazo: 2018

1.4. Celebração Comemorativa dos 500 anos da Reforma. Documento do Conflito à Comunhão da Comissão Bilateral Católico-Luterana

Objetivos

Aprofundar o conhecimento do Documento *do conflito à comunhão*, da Declaração Conjunta sobre a Doutrina da Justificação e da Declaração Conjunta das Igrejas-membro do CONIC, sobre o Batismo;

Estimular as Igrejas membros do CONIC a descobrir e valorizar o método teológico chamado de "consenso diferenciado", utilizado na Declaração Conjunta sobre a Doutrina da Justificação, que favorece o diálogo entre elas.

Estratégias

Realizar um Seminário nacional e, quando possível, também regional, solicitando uma parceria com o CONIC e envolvimento de outras Comissões (especialmente, Bíblico-Catequética e da Doutrina da Fé) na execução do projeto.

Referência: DGAE, n. 79.

Prazo: 2017

2. Eventos

2.1. Campanha da Fraternidade Ecumênica

Objetivo

Ajudar as Igrejas membro do CONIC a desenvolverem um projeto comum de ação social como testemunho público da fé cristã, através da realização da IV Campanha da Fraternidade Ecumênica (CFE).

Estratégias

- Avaliar com o CONIC os avanços para o ecumenismo no Brasil a partir das CFEs realizadas;
- Aproximar, sob a coordenação da CESE, os diversos organismos das Igrejas que trabalham diretamente com as questões sociais.

Referências: DGAE, n. 79, 122.

Prazo: 2016

2.2. Congresso Mariológico em Aparecida. Apresentação do Comentário de Martín Lutero sobre o Magnificat, na ótica Católica e Luterana

Objetivo

No contexto da Celebração dos 300 anos do Encontro da Imagem de Nossa Senhora no Rio Paraíba do Sul, em Aparecida do Norte, e dos 500 anos da Reforma Protestante, apreciar a contribuição de Lutero no comentário do *Magnificat*.

Estratégias

Fazer um resgate, a partir dos documentos ecumênicos, da figura de Maria na história da salvação, a fim de superar preconceitos recíprocos.

Referências: DGAE, n. 61, 79.

Prazo: 2017

2.3. Apresentar na 54ª Assembleia Geral da CNBB a Declaração Conjunta Católico-Luterana do Conflito à Comunhão

Objetivo

Em ocasião da passagem dos 500 anos do início da Reforma Protestante, no intuito de estreitar relações mais fraternas entre a Igreja Católica e a Igreja Luterana, convidar um pastor da IECLB para a Assembleia Geral da CNBB em 2016.

Estratégias

Apresentar no Conselho Permanente essa iniciativa para que seja incluída na pauta da Assembleia da CNBB em 2016.

Referências: DGAE, n. 79-80.

Prazo: 2016

2.4. *Mutirão Ecumênico – Sulão de Ecumenismo*

Objetivo

Apoiar a iniciativa das Comissões de Ecumenismo dos Regionais Sul 1/2/3/4 na realização desse evento ecumênico já consolidado.

Estratégias

Reforçar a metodologia existente de rodízio no acolhimento, coordenação e realização do Mutirão Ecumênico.

Referência: DGAE, n. 61.

Prazo: 2016-2019

2.5. *Jornada Ecumênica*

Objetivo

Reunir os movimentos ecumênicos e populares para um debate sobre temas sociais, especificadamente sobre ecologia, dignidade da pessoa humana e justiça socioambiental.

Estratégias

Apoiar a iniciativa organizada pelo Fórum Ecumênico ACT Brasil e Rede Ecumênica da Juventude (REJU).

Referência: DGAE, n. 122.

Prazo: 2017

3. Articulação

3.1. Acompanhamento dos Regionais da CNBB

Objetivo

Fortalecer a dimensão ecumênica e do diálogo inter-religioso nos Regionais e, onde não exista, suscitar em cada Regional a Comissão de Ecumenismo e Diálogo Inter-religioso, para que articule a ligação com as Comissões diocesanas sob a coordenação do bispo referencial.

Estratégias

- Encontro anual com os bispos referenciais;
- Oferecer formação para os membros das Comissões regionais e/ou diocesanas;
- Atender as solicitações e apoiar as iniciativas dos Regionais.

Referência: DGAE, n. 107e.

Prazo: 2016-2019

3.2. Acompanhamento das Comissões de Diálogo Bilateral (católico-luterana; católico-anglicana; católico-presbiteriana unida; católico-judaica)

Objetivo

Incentivar, apoiar e acompanhar as Comissões de diálogo bilateral.

Estratégias

- Nomear os membros e assessores da parte católica;
- Fixar encontros periódicos;
- Apoiar financeiramente as atividades das Comissões.

Referências: DGAE, n. 79, 116.

Prazo: 2016-2019

3.3. *Promoção do Diálogo entre a Igreja Católica e as Religiões de Matriz Africana*

Objetivo

Fomentar a cultura do encontro e do diálogo bilateral entre a Igreja Católica e as Religiões de Matriz Africana para favorecer uma ação evangelizadora que ajude a Igreja Católica a compreender e a respeitar as diferentes formas de crer.

Estratégias

- Procurar e identificar as lideranças de matriz africana nas cidades de Porto Alegre, Florianópolis, São Paulo, Rio de Janeiro, Belo Horizonte e Salvador, com o apoio do Setor Pastoral Afro-Brasileira da CNBB;
- Reunir periodicamente os líderes de religiões de matriz africana para formar um grupo de trabalho que favoreça o mútuo conhecimento e o diálogo inter-religioso.

Referências: DGAE, n. 116-117.

Prazo: 2016-2019

3.4. Diálogo Católico-Pentecostal no Brasil

Objetivo

Fomentar o diálogo católico-pentecostal no Brasil promovendo o conhecimento e respeito mútuos, a convivência e o testemunho comum.

Estratégias

- Reunir líderes de Igrejas e movimentos carismáticos para discernir os valores convergentes de suas experiências;
- Acompanhar o Encontro de Cristãos na Busca da Unidade e Santidade (ENCRISTUS);
- Possibilitar estudos sobre o pentecostalismo nos Regionais da CNBB.

Referência: DGAE, n. 61.

Prazo: 2016-2019

3.5. Criação do Conselho Nacional das Religiões (CONAREL)

Objetivos

- Criar um Conselho Nacional das Religiões para fomentar o diálogo inter-religioso, promovendo eventos que o visibilizem na sociedade civil;

- Dialogar com as instâncias governamentais para a defesa de ideais comuns, como vida, família, preservação do meio ambiente e outros.

Estratégias

- Reunir periodicamente os líderes religiosos para elaborar o estatuto do CONAREL;
- Promover um ato público para que os líderes de cada religião assinem o termo de fundação do CONAREL;
- Agir em parceria com a Casa da reconciliação que já mantém um diálogo com as religiões.

Referências: DGAE, n. 80-81, 116.

Prazo: 2016-2019

4. Subsídios

4.1. Cadernos de Ecumenismo e Diálogo Inter-Religioso

Objetivo

Oferecer subsídios de formação para o diálogo ecumênico e inter-religioso para os agentes de pastoral.

Estratégias

- Produzir Cadernos ecumênicos – Igreja em diálogo (com destaque nos temas: espiritualidade ecumênica; fundamentos bíblicos para o ecumenismo; orientações sobre casamentos mistos);

- Publicar orientações para o ecumenismo e o diálogo inter-religioso para a Igreja no Brasil;
- Produzir Cadernos de Celebrações Ecumênicas e Inter-religiosas.

Referências: DGAE, n. 91-92.

Prazo: 2016-2019

4.2. Revista Caminhos de Diálogo

Objetivo

Apresentar notícias, estudos e reflexões sobre o diálogo ecumênico e inter-religioso no Brasil.

Estratégias

- Constituir um conselho editorial com peritos;
- Compor um quadro de pessoas que atuem como parceiras na elaboração de notícias e artigos para a revista;
- Consolidar a parceria com a ANEC para a edição, impressão e divulgação da revista;
- Fazer campanha de assinaturas.

Referência: DGAE, n. 118a.b.

Prazo: 2016-2019

8. COMISSÃO EPISCOPAL PASTORAL PARA O SERVIÇO DA CARIDADE, DA JUSTIÇA E DA PAZ

A Comissão Episcopal Pastoral para o Serviço da Caridade, da Justiça e da Paz tem a missão de fortalecer a participação da Igreja na construção de uma sociedade justa e solidária, promovendo o respeito aos Direitos Humanos, à luz do Evangelho, da Doutrina Social da Igreja e da opção pelos pobres. Neste período estamos fortalecidos e referenciados pela Encíclica *Laudato Si'* que tematiza a preocupação com a Casa Comum, mas agregando só processo o cuidado com a terra e o cuidado com os pobres visto que a abordagem ecológica se torna uma abordagem social.

Também promove o diálogo da Igreja com a sociedade e age profeticamente onde a vida humana e sua dignidade são negadas e ameaçadas. Para isso articula os Organismos, as Pastorais Sociais, o Setor da Mobilidade Humana, vinculados à Comissão que têm, respectivamente, sua organização e metodologia, segundo a pastoral orgânica e de conjunto, em consonância com as Diretrizes Gerais da Ação Evangelizadora da Igreja no Brasil.

Suscita, forma, anima e acompanha agentes e lideranças comprometidas com projetos de evangelização, promoção da paz e inclusão social, nas Diocese e nos Regionais da CNBB, abrindo espaços de reflexão e articulação, para uma ação efetiva da Pastoral Social.

Composição

Dom Guilherme Antônio Werlang, MSF – Presidente

Dom André de Witte

Dom Canísio Klaus

Dom Luiz Gonzaga Fecchio

Dom Milton Kenan Júnior

Dom José Valdeci Mendes

Olávio José Dotto – Assessor

Estrutura da Comissão

A Comissão Episcopal Pastoral para o Serviço da Caridade, Justiça e Paz se compõe de Pastorais Locais, Setor de Pastoral da Mobilidade Humana e dos Organismos, abaixo relacionados.

Pastorais Sociais:

Pastoral Operária, Pastoral do Povo de Rua, Conselho Pastoral dos Pescadores, Pastoral da Mulher Marginalizada, Pastoral do Menor, Pastoral da Saúde, Pastoral Afro-Brasileira, Pastoral Carcerária, Comissão Pastoral da Terra, Pastoral da Sobriedade, Pastoral da Pessoa Idosa, Pastoral dos Surdos e Pastoral da AIDS.

Setor da Pastoral da Mobilidade Humana:

Pastoral do Turismo, Pastoral Rodoviária, Apostolado do Mar, Pastoral dos Nômades, Pastoral dos Refugiados, Núcleo dos Estudantes Internacionais (apoio), Pastoral das Migrações: Serviço Pastoral dos Migrantes/SPM, Missão Católica Polonesa e Pastoral Nipo-Brasileira.

Organismos:

Cáritas Brasileira, Pastoral da Criança e Comissão Brasileira Justiça e Paz (CBJP).

Cáritas Brasileira

Objetivo

A Cáritas Brasileira se compromete com a construção do Desenvolvimento Solidário Sustentável e Territorial, na perspectiva de um projeto popular de sociedade democrática.

Prioridades e estratégias

- Promoção e fortalecimento de iniciativas locais e territoriais de desenvolvimento solidário e sustentável;
- Defesa e promoção de direitos, mobilizações e controle social das políticas públicas;
- Organização e fortalecimento da Rede Cáritas.

Comissão Pastoral da Terra (CPT)

Objetivo:

Ser presença solidária, profética, ecumênica, fraterna e afetiva, que presta um serviço educativo e transformador junto aos povos da terra e das águas, para estimular e reforçar seu protagonismo.

Pastoral Afro-Brasileira

Objetivo

- Sensibilizar a Igreja para o conhecimento das questões afro-brasileiras;
- Animar os grupos negros católicos existentes;
- Incentivar o surgimento de novos grupos que buscam sua identidade numa sociedade e Igreja plurais.

Pastoral da Criança

Objetivo

"Para que todas as crianças tenham vida em abundância" (cf. Jo 10,10).

A missão da Pastoral da Criança é promover o desenvolvimento das crianças pobres, do ventre materno aos seis anos, contribuindo para que suas famílias e comunidades realizem sua própria transformação, por meio de orientações básicas de saúde, nutrição, educação e cidadania, fundamentadas na mística cristã que une fé e vida.

Pastoral do Menor

Objetivo

A Pastoral do Menor tem como missão promover e defender a vida das crianças e dos adolescentes empobrecidos e em situação de risco, desrespeitados em seus direitos fundamentais.

Pastoral da Pessoa Idosa

Objetivo

Assegurar a dignidade e a valorização integral das pessoas idosas, através da promoção humana e espiritual, respeitando seus direitos, num processo educativo de formação continuada destas, de suas famílias e de suas comunidades, sem distinção de raça, cor, profissão, nacionalidade, sexo, credo religioso ou político, para que as famílias e as comunidades possam conviver respeitosamente com as pessoas idosas, protagonistas de sua autorrealização.

Comissão Brasileira de Justiça e Paz (CBJP)

Objetivo

Constituem objeto de atenção da CBJP – como órgão de estudos e ação – a defesa e a promoção da pessoa, a prática da justiça e a edificação da paz. Composta maioritariamente por leigos, a vocação da Comissão é a de assegurar a presença dos cristãos frente à questão social, a partir da perspectiva ética do Evangelho.

Pastoral da Saúde

Missão:

Priorizar a vida e testemunhar o Evangelho no mundo da saúde.

Objetivo

Promover, educar, preservar, cuidar, defender, recuperar e celebrar a vida, realizando também ações em prol de uma vida saudável e plena de todo povo de Deus, tornando presente, no mundo de hoje, a ação libertadora de Cristo na área da saúde.

Pastoral da Mulher Marginalizada

Objetivo

Ser presença solidária, profética e evangélica junto à mulher, adolescente, jovem ou adulta em situação ou em risco de prostituição, buscando novas relações de gênero e incentivando o seu protagonismo.

Pastoral do Povo da Rua

Objetivo

Estimular a promoção de ações junto à população de rua e catadores de materiais recicláveis que construam alternativas em defesa da vida e contribuam na elaboração de políticas públicas.

Pastoral Carcerária

Objetivo

Evangelizar e promover a dignidade humana por meio da presença da Igreja nos cárceres, através das equipes de pastoral na busca de um mundo sem cárceres.

Pastoral da Sobriedade

Objetivo

Prevenir e recuperar da dependência química e outras dependências, a partir da vivência dos 12 passos da pastoral da sobriedade.

Pastoral DST/Aids

Objetivo

Contribuir na contenção da epidemia do HIV e da Aids desenvolvendo ações educativas de prevenção, garantindo qualidade de vida para as pessoas atingidas e se empenhando na superação do estigma e do preconceito.

Conselho Pastoral dos Pescadores

Objetivos:

- Ser presença de gratuidade evangélica no meio dos pescadores e das pescadoras, cultivando assim as sementes do Reino que existe no meio deles e delas;

- Movido pela força libertadora do Evangelho, colaborar com os pescadores e as pescadoras nos justos anseios de suas vidas, respeitando sua cultura, estimulando suas organizações, tendo em vista a libertação integral e a construção de uma nova sociedade;
- Animar, formar e articular fraternalmente as pessoas que trabalham a serviço dos pescadores e das pescadoras nesta Pastoral;
- Lutar por todos os meios necessários para defesa e preservação do meio ambiente.

Pastoral Operária

Objetivo

Com a participação direta dos(as) trabalhadores(as) e excluídos(as), reforçar a cidadania na luta por direitos, reeducar para a solidariedade e educar na formação política, para que possam exercer verdadeiramente seu protagonismo, e colher resultados que transformem suas vidas e a realidade do país.

Apostolado do Mar

Objetivo

Sair ao encontro das exigências da peculiar assistência religiosa, social e humana de que necessitam os grupos com os quais atuamos, para acompanhar e fortalecer o processo da nova evangelização no mundo tecnológico.

Pastoral do Turismo

Objetivo

Evangelizar o mundo do turismo, construir laços de fraternidade e solidariedade entre os turistas e as comunidades que os recebem, denunciar tudo o que ofende a dignidade humana e promover os direitos dos trabalhadores do mundo do turismo, favorecendo a ecologia integral.

Pastoral Rodoviária

Objetivo

- Defender a vida a partir do Evangelho, humanizando o tráfego nas ruas e estradas;
- Valorizar as pessoas que trabalham no transporte e nos serviços rodoviários;
- Promover a formação de discípulos missionários no meio do povo rodoviário;
- Sensibilizar as comunidades locais para a acolhida.

Pastoral dos Nômades

Objetivo

- Ser presença de Igreja junto aos povos nômades (ciganos, circenses e parquistas), contribuindo para o seu desenvolvimento espiritual, humano, cultural e social;

- Propiciar-lhe uma formação inclusiva para que se tornem protagonistas da ação evangelizadora;
- Denunciar as injustiças que ferem sua dignidade e desrespeitem sua cultura;
- Conscientizar a Igreja para uma acolhida evangélica a este povo tão excluído.

Pastoral dos Refugiados

Objetivo

- Oferecer a assistência pastoral, acolhida, solidariedade e assistência jurídica aos refugiados, aos solicitantes de refúgio e aos apátridas sem distinção de religião ou de raça ou de qualquer outra natureza, respeitando a dignidade inalienável da pessoa humana;
- Promover sua inclusão em políticas públicas para que possam encontrar condições de vida digna e plena na pátria que os recebe.

Pastoral das Migrações: Serviço Pastoral dos Migrantes (SPM), Pastoral Nipo-Brasileira, Missão Polonesa e Estudantes Internacionais

Objetivo

Contribuir, à luz do Evangelho e da mensagem da Igreja, na construção de uma sociedade justa, fraterna e solidária que respeite os migrantes e possam construir cidadania, tornando-se fermento na construção do Reino de Deus.

Projetos

1. Formação, Capacitação e Articulação

1.1. Formação Permanente e Capacitação de Agentes das Pastorais Sociais, Organismos e Setor Pastoral da Mobilidade Humana

Objetivo

Continuar os processos formativos dos agentes de pastoral, atentos aos desafios da realidade e às necessidades específicas das pastorais, em vista da promoção humana e dos direitos sociais, alimentando a espiritualidade do seguimento de Jesus Cristo.

Estratégias

- Realizar, em diálogo com os regionais, processos de formação para os agentes de pastoral em ação e novos agentes dispostos a assumirem a caminhada das pastorais sociais;
- Aproveitar os Seminários sobre a Encíclica *Laudato Si'* que acontecerão nos regionais da Região Amazônica em 2016 e 2017 e posteriormente nos demais regionais para aprofundar os processos de formação.

Prazo: 2016-2019

1.2. Articulação entre as Coordenações Nacionais e entre as instâncias Regionais das Pastorais Sociais, Organismos e Setor Pastoral da Mobilidade Humana

Objetivo

Assumir projetos e ações comuns, fortalecendo a missão e a articulação das Pastorais Sociais em nível diocesano, regional e nacional.

Estratégias

- Fortalecer as coordenações das Pastorais Sociais em âmbito Diocesano, Regional e Nacional;
- Acompanhar os espaços de mobilização e articulação das Pastorais Sociais nas Dioceses, Regionais e em nível nacional, estimulando a sua organização;
- Realizar o encontro semestral das pastorais sociais, organismos e representação do setor de mobilidade humana e o encontro anual com as representações regionais;
- Reunir semestralmente os bispos da Comissão, os referenciais das pastorais sociais, organismos e do setor da mobilidade humana dos Regionais e das Instâncias Nacionais para tratar de temas ligados às pastorais sociais.

Prazo: 2016-2019

1.3. Sustentabilidade das Pastorais Sociais, Organismos e Setor de Mobilidade Humana

Objetivo

Continuar o trabalho conjunto entre as Pastorais Sociais, Organismos e Setor Pastoral da Mobilidade Humana na busca de autossustentação.

Estratégias

- Acompanhar as atividades do Centro de Sustentabilidade das Pastorais Sociais – Census;
- Acompanhar e apoiar as atividades ligadas ao Marco Regulatório das Relações entre Estado e Sociedade Civil;
- Assessorar as equipes de Campanhas da Igreja no Brasil;
- Incentivar a criação de fundos diocesanos de solidariedade com capacitação de suas coordenações.

Prazo: 2016-2019

1.4. Fortalecimento e articulação das Pastorais do Setor Pastoral da Mobilidade Humana

Objetivo

Favorecer o aprofundamento e a visibilidade da temática da mobilidade humana, articular e apoiar as Pastorais do Setor.

Missão

Acolher os irmãos e as irmãs em mobilidade, respeitando sua dignidade, defendendo seus direitos e promovendo a integração social e a interculturalidade, incentivados pelas palavras de São João Paulo II: "O ser humano e o respeito dos seus direitos sejam colocados no centro dos fenômenos da mobilidade".

Estratégias

- Realizar reuniões da Equipe de Apoio e encontros bienais da Coordenação Ampliada;
- Promover encontros nacionais bienais das pastorais que integram o Setor;
- Apoiar e incentivar a dinamização das pastorais que integram o Setor, divulgar suas datas comemorativas e marcar presença em seus momentos significativos;
- Estimular e apoiar a organização do Setor da Mobilidade Humana junto aos Regionais da CNBB;
- Incentivar a incidência visando a aprovação da nova Lei das Migrações;
- Implementar processos de comunicação que retratem a realidade migratória do país e do mundo e ações do SMH;
- Ampliar, frente aos novos fluxos migratórios, iniciativas pastorais voltadas à acolhida e integração dos migrantes e refugiados;

- Dinamizar a atuação do Grupo de Enfrentamento ao Tráfico de Pessoas e Trabalho Escravo (GT-ETPeTE), na prevenção deste crime e na atenção às vítimas;
- Participar do processo e realização da 6ª Semana Social Brasileira, entre outros.

Referências: DGAE, n. 4, 65, 67, 68, 69, 115.

Prazo: 2016-2019

2. Mobilizações

2.1. Grito dos Excluídos

Objetivo

Organizar e acompanhar o Grito dos Excluídos.

Estratégias

- Participar das reuniões preparatórias;
- Articular os diversos setores da Igreja e Movimentos Sociais para continuidade do evento;
- Incentivar a realização de debates sobre a temática do Grito dos Excluídos;
- Participar da elaboração do lema e cartaz do Grito dos Excluídos;
- Ajudar na assessoria e capacitação de articuladores estaduais;

- Articular e divulgar as atividades do Grito dos Excluídos com o Conselho Episcopal Pastoral da CNBB;
- Contribuir na discussão sobre a sustentabilidade do Grito dos Excluídos.

Prazo: 2016-2019

2.2. 6ª Semana Social Brasileira

Objetivo

Coordenar e articular a preparação e a realização da 6ª Semana Social Brasileira.

Estratégias

- Discutir a realização da Semana Social;
- Criar um amplo leque de reflexão sobre possíveis temáticas;
- Organizar a sua realização;
- Acompanhar as Semanas Sociais Diocesanas e Regionais;
- Provocar encontros e articulações com segmentos do Movimento Social de acordo com a temática aprovada.

Prazo: 2016-2019

2.3. Encíclica Laudato Si'

Objetivo

Contribuir na divulgação e reflexão da Encíclica *Laudato Si'*.

Estratégias

- Participar do Grupo de Trabalho criado pela presidência da CNBB;
- Colaborar nos Seminários e em outros espaços de debate sobre o Documento;
- Monitorar as influências da encíclica na ação eclesial e na sociedade;
- Produzir materiais que ajudam na disseminação da proposta da Encíclica.

Prazo: 2016-2019

3. Articulação Social

3.1. Mudanças Climáticas e Justiça Social

Objetivo

Colaborar na organização do Fórum de Mudanças Climáticas e Justiça Social, quanto ao planejamento das ações.

Estratégias

- Acompanhar a elaboração de subsídios sobre o diagnóstico e os impactos socioambientais, provocados pelas mudanças climáticas;
- Participar da construção de alternativas, de mudanças de comportamento e de políticas públicas em defesa do meio ambiente e da justiça social;

- Contribuir para incorporar o tema no conteúdo das ações das Pastorais Sociais, Setor Pastoral da Mobilidade Humana, Organismos e projetos interpastorais;
- Aprofundar o debate sobre modelos alternativos de produção de energia.

Prazo: 2016-2019

3.2. Conjuntura Social e Movimentos Sociais

Objetivo

Constituir um núcleo de análise da conjuntura social e fortalecer a relação com os movimentos sociais.

Estratégias

- Formar a equipe de Análise de Conjuntura;
- Executar um trabalho que responda aos objetivos da equipe;
- Publicar as análises feitas;
- Fortalecer a Articulação Brasileira dos Movimentos Populares em diálogo com o Papa Francisco;
- Participar da Frente Brasil Popular e de outras iniciativas que visem a formulação de um projeto popular para o Brasil.

Prazo: 2016-2019

3.3. Fortalecimento e articulação das Pastorais do Campo, Comunidades e Povos Tradicionais

Objetivo

Acompanhar e apoiar a articulação das Pastorais do Campo, Comunidades e Povos Tradicionais.

Estratégias

- Acompanhar os encontros da Coordenação;
- Apoiar as iniciativas voltadas à preservação dos direitos das comunidades e povos tradicionais e suas lutas pela demarcação de seus territórios;
- Contribuir nos encontros de formação.

Prazo: 2016-2019

3.4. Participação no Comitê de Defesa dos Territórios frente à Mineração

Objetivo

Acompanhar e apoiar o Comitê Nacional de Defesa aos Atingidos pela Mineração.

Estratégias

- Acompanhar as atividades do Comitê;
- Participação das audiências no Congresso Nacional;
- Manter a presidência da CNBB informada sobre o trabalho.

Prazo: 2016-2019

3.5. Acompanhamento do Grupo de Reflexão: Religiosos e Mineração

Objetivo

Acompanhar o Fórum de debates denominado Religiosos e Mineração.

Estratégias

- Acompanhamento do Fórum de Debates Latino-Americano Igreja e Mineração;
- Articular as pastorais e organismos que estão atuando junto às comunidades atingidas pela mineração;
- Contribuir para que a presidência da CNBB possa estar ciente das reflexões e articulações.

Prazo: 2016-2019

4. Subsídios

4.1. Revisão do texto de Estudo "A Igreja e as Comunidades Quilombolas"

Objetivo

Constituir um Grupo de Trabalho sobre o documento *A Igreja e as Comunidades Quilombolas*

Estratégias

- Refletir texto de Estudo *A Igreja e as Comunidades Quilombolas* com comunidades e agentes de pastoral;
- Organizar as observações e sugestões de alteração no texto;
- Apresentar os resultados e proposições para que a CNBB publique um texto oficial.

Prazo: 2016-2019

4.2. Texto de Estudo O solo urbano e a urgência da paz

Objetivo

Acompanhar o Grupo de Trabalho criado pela presidência da CNBB sobre o solo urbano.

Estratégias

- Acompanhar a equipe de trabalho;
- Assumir as tarefas de secretaria e articulação;
- Organizar as observações e sugestões de alteração no texto vinda dos bispos;
- Apresentar o texto na Assembleia Geral em 2016.

Prazo: 2016-2019

9. COMISSÃO EPISCOPAL PASTORAL PARA A CULTURA, EDUCAÇÃO, ENSINO RELIGIOSO E UNIVERSIDADES

A Comissão Episcopal Pastoral para a Cultura e a Educação tem a missão de evangelizar no mundo da cultura e da educação.

No âmbito da cultura, buscará estimular e intensificar o diálogo com as diversas expressões da cultura, especialmente a cultura latino-americana, tanto popular quanto do campo geral das artes, da vida acadêmica e do meio intelectual, resgatando e valorizando também as tradições culturais católicas. Promoverá ainda, nesse âmbito, a presença pastoral junto aos empresários, dirigentes cristãos de empresas e empreendedores cristãos.

No âmbito da educação, promoverá encontros para a partilha de experiências, de articulação e de formação de educadores. Elaborará subsídios formativos sobre temas relacionados à Pastoral da Educação e sua importância. Estimulará a criação da Pastoral da Educação nas dioceses onde ainda não exista. Acompanhará as escolas gerenciadas por instituições católicas, sejam as vinculadas à ANEC sejam outras. Estimulará o acompanhamento das políticas públicas de educação e a participação nas instâncias municipal, estadual e federal.

No âmbito do Ensino Religioso, manterá o serviço de assessoria permanente ao episcopado, professores e pesquisadores da área. Para isso, acompanhará a reflexão e prática sobre esta área de conhecimento na rede pública e rede particular de ensino, tomando como foco principal os estudantes, seus interesses e necessidades; e as metodologias que lhes possibilitem o ensino-aprendizagem, considerando a linguagem como instrumento de aproximação entre todos; as atitudes de respeito, abertura, compreensão, acolhida mútua no exercício da liberdade religiosa, em ambiente escolar e além dele.

No âmbito universitário, articulará a ação evangelizadora nesse meio, partindo da valorização da pessoa e do fortalecimento da vida de comunhão, favorecendo o anúncio de Jesus Cristo, o atendimento pastoral a estudantes, professores, funcionários e familiares, resgatando assim a histórica presença profética da Igreja nesse meio.

Para a realização desses objetivos, a Comissão Episcopal Pastoral para a Educação e a Cultura buscará qualificar sua integração com outras instâncias eclesiais afins, tais como a Congregação para a Educação Católica, o Pontifício Conselho para a Cultura e o Departamento de Cultura e Educação do CELAM.

Composição

Dom João Justino de Medeiros Silva – Presidente

Dom José Luiz Majella Delgado, CSSR

Dom Júlio Endi Akamine, SAC

Dom Roberto Francisco Ferrería Paz

Pe. Danilo Pinto – Assessor (Universidades)

Prof. Josimar da Silva Azevedo – Assessor (Cultura)

Prof. César Leandro Ribeiro – Assessor (Educação)

Projetos

Cultura

1. Formação e Capacitação

1.1. Diálogo com a Cultura – Formação de Agentes

Objetivo

Formar agentes de Pastoral da Cultura como pessoas capacitadas para o diálogo especializado com a cultura, capazes de produzir projetos culturais pertinentes e adequados à realidade da Igreja e da sociedade local.

Estratégias

- Divulgar os projetos junto ao episcopado;
- Estabelecer parcerias com dioceses para a indicação de candidatos aos cursos, seja na modalidade EaD, seja presencial;

- Organizar os cursos presenciais em lugares-chaves do território brasileiro;
- Produzir subsídios inspirados nas DGAE, na *Gaudium et Spes*, nos documentos do Pontifício Conselho da Cultura, do CELAM e da CNBB;
- Constituir um grupo de colaboradores para a produção desses subsídios.

Referências: DGAE, n. 9, 13, 21ss, 28, 34, 50, 64ss, 71, 79-81, 88, 91-92, 99-100, 110, 116-120, 124.

Prazo: 2016-2019

1.2. Colóquios sobre Fé e Cultura

Objetivo

Promover colóquios que envolvam estudantes, professores e lideranças da Igreja para refletir sobre temas relacionados ao diálogo entre fé e cultura.

Estratégias

- Encontros de trabalho entre as instâncias promotoras do Átrio dos Gentios: CNBB, Arquidiocese de Curitiba, PUC–PR, Instituto Ciência e Fé PUC–PR. Realizar experiências-piloto nas universidades;
- Buscar caminhos de acesso às universidades públicas e privadas não confessionais, em vista da realização dos colóquios também em seus ambientes;

- Propor parceria à ANEC para a realização e divulgação dos eventos.

Referências: DGAE, n. 118, 119, 120, 122.

Prazo: 2016

1.3. Responsabilidade Social Empresarial

Objetivo

Promover a formação de empresários, dirigentes e empreendedores cristãos para a prática da Responsabilidade Social Empresarial (RSE), incluindo os aspectos econômico, social, cultural e ambiental, a partir da Doutrina Social da Igreja.

Estratégias

- Manter parceria com a Associação de Dirigentes Cristãos de Empresas (ADCE UNIAPAC BRASIL) e a Comissão Episcopal Pastoral para o Laicato;
- Realizar encontros regionais e nacionais com empresários cristãos;
- Utilizar-se dos documentos e das ferramentas propostas pela UNIAPAC (Rentabilidade de Valores; Protocolo de RSE/Guia para uma Gestão Empresarial Integral e Subsidiariedade/Respeito em Ação);
- Estimular a divulgação dos eventos e dos temas abordados através dos meios de comunicação.

Referências: DGAE, n. 114, 118, 121 a 124, 127.

Prazo: 2016-2019

1.4. *Empresa com Valores (parceria CNBB/ADCE/ Uniapac Brasil)*

Objetivo

Formar empresários, dirigentes e empreendedores cristãos para que possam aplicar no dia a dia dos negócios e do trabalho os valores do pensamento social cristão e estimular por meio de ferramentas e metodologias específicas, a formação de grupos de reflexão e vivência (GRV) que proporcionem o aprofundamento teórico e espiritual e a partilha dos dilemas no exercício das atividades econômicas, sociais, culturais e ambientais.

Estratégias

- Difundir o projeto Empresa com Valores junto ao episcopado brasileiro;
- Levar às dioceses de todo país o conhecimento do programa Empresa com Valores, fomentando a participação da comunidade local e estimulando a criação Grupos de Reflexão e Vivência (GRV);
- Criar estratégias para a participação do empresário, dirigente e empreendedor cristão junto a programas de formação nas dioceses e paróquias;

- Estimular a participação e engajamento do clero por meio de divulgação de objetivos e benefícios macro na comunidade, como redução de desigualdade social, estímulo à geração de emprego e renda, erradicação de pobreza, preservação do meio ambiente, valorização do bem comum, da solidariedade e da caridade no ambiente econômico;
- Produzir documento comum entre CNBB e ADCE UNIAPAC Brasil acerca das questões econômicas e de trabalho sob a luz da DSI e a valorização do ser humano como centro das atividades produtivas;
- Realizar encontros de aprimoramento das práticas e estratégias de disseminação do programa Empresa com Valores entre ADCE UNIAPAC Brasil e CNBB e demais setores da sociedade;
- Utilizar a ferramenta digital (Portal Empresa com Valores) para promover a integração entre os grupos (GRV) formados nas Paróquias de todo o Brasil;
- Contribuir para a erradicação da corrupção e venalidade pública, gerando uma cultura de integridade cívica empresarial, desencorajando e denunciando contratos espúrios, financiamento de campanhas, ou propinas de agentes públicos.

Referências: DGAE, n. 114, 118, 121 a 124, 127.

Prazo: 2016-2019

1.5. Empreendedores Jovens (Parceria CNBB/ADCE)

Objetivo

Promover a formação de estudantes e jovens empreendedores no conceito da Responsabilidade Social Empresarial, com base nos valores da DSI.

Estratégias

- Formar Grupos de Reflexão e Vivência (GRV) nas faculdades e universidades, especialmente nas instituições católicas, segunda a metodologia implantada no programa Empresa com Valores;
- Organizar Grupos de Reflexão e Vivência (GRV) entre jovens empreendedores das comunidades das Paróquias;
- Criar disciplina de "Empreendedorismo Cristão", optativa ou eletiva de acordo com a disponibilidade acadêmica, nas faculdades e universidades católicas;
- Criar cursos de pós-graduação *latu sensu* de Responsabilidade Social Empresarial nas modalidades presencial e à distância em parceria com a PUC Minas;
- Fomentar palestras e cursos nas escolas católicas de formação média, com as temáticas

de empreendedorismo cristão, que estimule aos futuros atuantes no mercado de trabalho a aplicação dos valores do pensamento social cristão;

- Estimular a produção acadêmica de artigos científicos sobre a temática da DSI na realidade econômica brasileira;
- Estimular a participação dos jovens empreendedores no Congresso Mundial das Universidades Católicas (CMUC) e no Encontro Brasileiro de Universitários Cristãos (EBRUC);
- Estabelecer parceria com a Comissão Episcopal Pastoral para a Juventude;
- Estimular a participação dos jovens empreendedores no Congresso Mundial das Universidades Católicas (CMUC) e no Encontro Brasileiro de Universitários Cristãos (EBRUC).

Referências: DGAE, n. 114, 118, 121-124, 127.

Prazo: 2016-2019

1.6. Encontro de Diálogo entre Bispos e Empresários (Parceria CNBB/ADCE Brasil)

Objetivo

Promover o diálogo entre Bispos e empresários, dirigentes e empreendedores cristãos para que possam debater pontos de relevância comum acerca de questões econômicas sociais, culturais e ambientais.

Estratégias

- Manter o formato existente do Encontro, de periodicidade bienal;
- Estimular a participação de Bispos de todo o Brasil, para que se possam radiografar as distintas realidades do país;
- Criar e editar documento resultante dos Encontros e divulgá-lo amplamente;
- Estabelecer metas práticas para aplicar as deliberações e resoluções desses encontros;
- Estimular a participação de Bispos Brasileiros no Simpósio CELAM UNIAPAC LA, de periodicidade bienal (2016 e 2018).

Referências: DGAE, n. 114, 118, 121-124, 127.

Prazo: 2016-2019

1.7. Diálogos Ambientais (Parceria CNBB/ADCE Brasil)

Objetivo

Promover a discussão dos aspectos sustentáveis da vida cotidiana na comunidade e na sociedade por meio de encontros que envolvam os atores das atividades econômicas, sob a luz da Encíclica *Laudato Si'*.

Estratégias

- Aprimorar o conhecimento das questões ambientais sob os aspectos social e econômico;
- Incentivar a leitura e interpretação da Encíclica *Laudato Si'* e sua importância na vida cotidiana;
- Levar conhecimento da interpretação cristã aos formadores de opinião acerca das questões ambientais;
- Promover ações de incentivo às questões de práticas ambientais nas Paróquias e na comunidade;
- Criar Grupos de Reflexão e Vivência (GRV) para partilha de práticas sustentáveis.

Referências: DGAE, n. 114, 118, 121-124, 127.

Prazo: 2016-2019

2. Eventos

2.1. Fóruns Brasileiros de Cultura

Objetivo

Promover o diálogo e o intercâmbio de experiências e projetos culturais em nível local, regional e nacional, a fim de consolidar a Pastoral da Cultura na Igreja do Brasil.

Estratégias

- Realizar o 4º Fórum Brasileiro de Cultura em 2018;
- Integrar todos os setores da Comissão Episcopal Pastoral para a Cultura e a Educação na realização do Fórum;
- Realizar eventos que tratam da temática em parceria com os Conselhos Episcopais Regionais das macrorregiões;
- Desenvolver um modo eficiente de divulgação e comunicação.

Referências: DGAE, n. 9, 13, 34, 71, 79-81, 88, 116-120, 124.

Prazo: 2018

2.2. Prêmio de Obra Literária

Objetivo

Estudar, propor e instituir uma premiação bienal em nível nacional pela CNBB para Obra Literária que valorize a relação entre fé e cultura.

Estratégias

- Compor grupo de estudo para a elaboração da proposta em parceria com a Comissão Episcopal Pastoral para a Comunicação;
- Apresentar a proposta ao Conselho Permanente da CNBB;
- Organizar a primeira premiação para o ano 2018, durante o 4º Fórum Brasileiro de Cultura;
- Divulgar nos meios de comunicação o Prêmio da Obra Literária.

Referências: DGAE, n. 9, 13, 34, 79-81, 88, 99, 116-120, 124.

Prazo: 2018

3. Articulação

3.1. Centros Culturais Católicos

Objetivo

Valorizar, articular e promover os Centros Culturais Católicos, a fim de favorecer o diálogo da fé com as expressões culturais de nosso tempo.

Estratégias

- Participar dos Encontros promovidos pelo Conselho Pontifício para a Cultura no Cone Sul;

- Estimular, onde não houver os CCCs, a instalação de Núcleos de Pastoral da Cultura e Núcleos de Estudos e Pesquisa em Pastoral da Cultura (NEPACs);
- Buscar parceria com Conselhos Episcopais Regionais para a realização de experiências-piloto para identificação e articulação dos Centros Culturais Católicos existentes em seu território;
- Realizar, com esses Conselhos Regionais, encontros de Coordenadores Diocesanos de Pastoral e dirigentes dos Centros Culturais identificados;
- Divulgar essa ação junto aos demais Conselhos Regionais, arquidioceses e dioceses.

Referências: DGAE, n. 9, 29, 34, 79-81, 88, 116-120, 124.

Prazo: 2016-2019

3.2. *Memória e Cultura Popular*

Objetivo

Fortalecer o empenho das Igrejas particulares na preservação de sua memória e no diálogo com as expressões da cultura popular.

Estratégias

- Identificar as ações já desenvolvidas nesse campo e promover sua divulgação;

- Promover ações específicas que envolvam estudiosos e pesquisadores interessados nas questões da memória e da cultura populares;
- Colaborar com as entidades públicas relacionadas com o tema;
- Dispor-se a parcerias com os Conselhos Regionais, arquidioceses e dioceses;
- Estimular as dioceses e regionais da CNBB a participar, com a colaboração dos agentes de pastoral da cultura, dos organismos municipais, regionais e estaduais de fomento à cultura.

Referências: DGAE, n. 9, 28, 34, 71, 79-81, 88, 116-120, 124.

Prazo: 2016-2019

3.3. Patrimônio Cultural da Igreja

Objetivo

Promover nas Igrejas Particulares e nos Institutos de Vida Consagrada o interesse pela preservação de seus bens culturais incentivando a criação de Comissões de Bens Culturais locais e regionais na perspectiva da organização de um Conselho Nacional.

Estratégias
- Divulgar a Carta Circular Necessidade e urgência da inventariação e catalogação do patrimônio cultural da Igreja, da Pontifícia Comissão para os Bens Culturais da Igreja;

- Instalar o Santuário Digital para os Bens Culturais e o aplicativo Próximo da Fé;
- Instituir o Conselho Nacional para os Bens Culturais da Igreja do Brasil;
- Consolidar o Grupo de Colaboradores do Setor Cultura da CNBB;
- Estimular a reflexão e o desenvolvimento de ações relativas aos artigos do Acordo Brasil--Santa Sé, que tratam dos bens culturais da Igreja;
- Buscar cooperação do Instituto do Patrimônio Histórico e Artístico Nacional (IPHAN) e de outros organismos do Estado.

Referências: DGAE, n. 9, 13, 34, 40, 71, 79-81, 88, 99-100, 107(d), 116-120, 124.

Prazo: 2016-2019

3.4. Arte e Artistas

Objetivo

Suscitar o diálogo da Igreja com os artistas, favorecendo uma aliança fecunda entre o Evangelho e a arte, tendo presentes as novas realidades que caracterizam a contemporaneidade.

Estratégias

- Constituir um grupo de colaboradores para definição das ações a serem desenvolvidas no âmbito da Comissão Episcopal;

- Realizar a Bienal de Artes da Caminhada em parceria com o Grupo de Artistas da Caminhada;
- Criar um banco de dados de artistas e projetos comprometidos com o diálogo fé-cultura-cidadania;
- Promover articulação entre Conselhos Episcopais Regionais para realização de eventos macrorregionais;
- Promover encontros regionais de reflexão e partilha sobre "Arte e Fé" com a participação de artistas, agentes da pastoral da cultural e teólogos;
- Incentivar e apoiar exposições de obras artísticas, exibições de obras cinematográficas e apresentações de peças teatrais entre outros que promovam o diálogo entre arte e Evangelho.

Referências: DGAE, n. 9, 11, 13, 28, 34, 35, 37, 79-81, 88, 99, 116-120, 124.

Prazo: 2016-2019

4. Subsídios

4.1. Subsídios de Formação para a Pastoral da Cultura
Objetivo

Subsidiar os Regionais da CNBB e os agentes de Pastoral da Cultura com publicações de formação.

Estratégias

- Compor Grupos de Trabalho (GTs) específicos para a elaboração de subsídios para a Pastoral da Cultura;
- Publicar pela Edições da CNBB, numa coleção específica, textos do magistério relativos ao tema da cultura;
- Estabelecer parcerias para publicações;
- Fazer o lançamento e distribuir subsídios conforme demanda;
- Criar um programa de televisão da Pastoral da Cultura da CNBB a ser retransmitido nas emissoras católicas;
- Divulgar pequenos textos e vídeos nas redes sociais.

Referências: DGAE, n. 9, 13, 28, 34, 50, 64ss, 71, 72, 79-81, 88, 99-100, 110, 116-120, 124.

Prazo: 2016-2019

Educação

1. Formação e Capacitação

1.1. Pastoral da Educação

Objetivo

Potencializar o comprometimento e articulação de lideranças da Pastoral da Educação dos Regionais da

CNBB e dioceses, a fim de favorecer sua participação na reflexão, animação e planejamento da ação pastoral.

Estratégias

- Realizar bienalmente um encontro nacional;
- Apoiar os regionais da CNBB na realização de encontros para a formação de agentes da Pastoral da Educação;
- Constituir equipes para a preparação dos encontros nacionais.

Referências: DGAE, n. 61, 99.

Prazo: 2016-2019

2. Articulação

2.1. Pastoral da Educação em Rede

Objetivo

Criar e manter banco de dados, redes sociais e outros canais de comunicação para promover sinergia entre lideranças e processos significativos da Pastoral da Educação.

Estratégias

- Mapear lideranças e processos para a Pastoral da Educação no Brasil;
- Estabelecer canais de comunicação em rede entre lideranças eclesiais;

- Cultivar e manter permanente troca de experiências e iniciativas em Pastoral da Educação.

Referências: DGAE, n. 19, 23, 61, 99.

Prazo: 2016-2019

2.2. Pastoral da Educação nos Regionais da CNBB

Objetivo

Assessorar os Regionais da CNBB para o desenvolvimento de ações pastorais no âmbito da educação.

Estratégias

- Incentivar a estruturação da Pastoral da Educação a partir dos Conselhos Regionais da CNBB;
- Acompanhar e animar a ação pastoral em educação nos Regionais da CNBB;
- Criar formulários para facilitar o exercício do planejamento em Pastoral da Educação;
- Disponibilizar sistemas e metodologias de avaliação das ações e participações.

Referências: DGAE, n. 19, 23, 61, 99.

Prazo: 2016-2019

2.3. Pastoral da Educação e Associação Nacional de Educação Católica

Objetivo

Promover articulação da Pastoral da Educação com a Associação Nacional de Educação Católica (ANEC), em vista do protagonismo dos educadores e institutos católicos de educação.

Estratégias

- Estabelecer formas de acompanhamento e articulação junto à ANEC em assuntos e eventos relacionados à Pastoral da Educação;
- Fazer parceria e participar do Congresso de Educadores Católicos promovido pela ANEC;
- Incentivar o envolvimento dos educadores católicos nas diversas frentes de atuação da Pastoral da Educação.

Referências: DGAE, n. 19, 23, 61, 69.

Prazo: 2016-2019

2.4. Educadores da Rede Pública

Objetivo

Apoiar e incentivar os Regionais da CNBB e dioceses na organização de encontros para o fortalecimento da missão dos educadores da rede pública.

Estratégias
- Criar grupo de trabalho para refletir sobre iniciativas no campo da Pastoral da Educação junto à rede pública de ensino;
- Incentivar a criação de eventos de formação junto a educadores, envolvendo diferentes segmentos da área da educação.

Referências: DGAE, n. 19, 23, 61, 99.

Prazo: 2016-2019

2.5. Mobilização Social pela Educação

Objetivo

Apoiar iniciativas de parceria entre a Pastoral da Educação e o Projeto Mobilização Social pela Educação, do Ministério da Educação.

Estratégias
- Conhecer e acompanhar as etapas do projeto Mobilização Social pela Educação;
- Identificar e apoiar iniciativas que dizem respeito a parcerias e apoio ao Projeto Mobilização Social pela Educação.

Referências: DGAE, n. 19, 23, 61, 99.

Prazo: 2016-2019

3. Subsídios

3.1. Texto-base da Pastoral da Educação

Objetivo

Promover o estudo, debate e definição das Diretrizes Nacionais da Pastoral da Educação, como referencial teórico para a implementar a Pastoral da Educação nas dioceses do Brasil.

Estratégias

- Publicação da proposta de Diretrizes Nacionais da Pastoral da Educação na Coleção Estudos da CNBB em 2016;
- Incentivar e acompanhar o conhecimento e discussão do texto em vista de obter a aprovação do episcopado nacional para publicá-lo como Documento da CNBB.

Referências: DGAE, n. 19, 23, 61, 99.

Prazo: 2016-2019

3.2. Subsídios de Formação para a Pastoral da Educação

Objetivo

Subsidiar os Regionais da CNBB e os agentes de Pastoral da Educação, com publicações de formação.

Estratégias

- Compor Grupo de Trabalho (GT) específico para a elaboração de subsídios para Pastoral da Educação;
- Estabelecer parcerias para publicações;
- Distribuir subsídios conforme demanda.

Referências: DGAE, n. 19, 23, 61, 99.

Prazo: 2016-2019

3.3. Campanha da Fraternidade na Educação

Objetivo

Incentivar a realização de atividades educativas relacionadas aos temas da Campanha da Fraternidade em escolas da rede pública e da rede particular.

Estratégias

- Participar na elaboração e/ou divulgação de subsídios;
- Incentivar a realização de cursos e encontros de formação para professores.

Referências: DGAE, n 19, 23, 61, 99.

Prazo: 2016-2019

Ensino Religioso

1. Formação e Capacitação

1.1. Assessoria Permanente ao Episcopado Brasileiro

Objetivo

Prestar assessoria à CNBB em sua função de articuladora do diálogo entre o Episcopado e as instâncias responsáveis pela regulamentação e implantação do Ensino Religioso (ER) nos sistemas de ensino brasileiro.

Estratégias

- Produzir subsídios sobre ER e temas relacionados;
- Pesquisar e divulgar informações sobre o ER no Brasil e no mundo;
- Reunir anualmente o Grupo de Assessoria e Pesquisa em Ensino Religioso (GRAPER);
- Criar grupos de reflexão e apoio ao ER;
- Manter grupos de reflexão e apoio ao ER e áreas afins, com atividades periódicas na preparação de subsídios didáticos, com divulgação *online*, sob a inspiração de fundamentos contidos nas Diretrizes Curriculares Nacionais para a Educação Básica e o Ensino Fundamental de 9 (nove) anos, bem como outras instâncias de educação continuada.

Referências: DGAE, n. 99, 116, 118.

Prazo: 2016-2019

1.2. Pesquisa e Reflexão sobre o Ensino Religioso

Objetivo

Subsidiar o episcopado, as instituições de ensino formadoras de docentes e outros interessados com pesquisas sobre fundamentos e prática do ensino religioso no sistema de ensino.

Estratégias

- Acompanhar e avaliar as atribuições e atividades do Grupo de Assessoria e Pesquisa em Ensino Religioso (**GRAPER**);
- Acompanhar o grupo de consultores *ad hoc*;
- Compor grupo de educadores, com prioridade na participação de pais e avós com experiência em ER e áreas afins (GEER);
- Compor e acompanhar outros grupos em ER e áreas afins, considerando as necessidades e demandas.

Referências: DGAE, n. 99, 116, 118.

Prazo: 2016-2019

1.3. Formação em Ensino Religioso

Objetivo

Incentivar e acompanhar a realização de cursos de ER e eventos em vista da formação de formadores e/ou de docentes.

Estratégias

- Realizar o cadastramento de cursos de formação de professores para o ER, das instituições que os promovem e de seus professores;
- Preparar e divulgar subsídios para formação em ER;
- Participar e/ou realizar eventos nacionais sobre o ER e educação escolar;
- Acompanhar atividades sobre ER, em âmbito nacional e internacional.

Referências: DGAE, n. 99, 116, 118.

Prazo: 2016-2019

2. Eventos

2.1. 4º Encontro Nacional de Bispos Referenciais do Ensino Religioso

Objetivo

Cumprir as metas sugeridas pelos participantes do 3º Encontro Nacional dos Bispos Referenciais do Ensino Religioso nos Regionais da CNBB (ENBRER), entre as quais a realização do referido encontro, a cada dois anos, para dar continuidade à reflexão sobre o ensino religioso na rede pública e particular de ensino, tendo como temas principais os estudantes, seus interesses, realidade brasileira e formação pedagógica para os profissionais da área.

Estratégias

- Realizar o 4º Encontro Nacional de Bispos Referenciais do Ensino Religioso (ENBRER) em 2017, envolvendo as entidades parceiras da CNBB e outros;
- Criar um Grupo de Trabalho (GT) de três a quatro membros do episcopado que auxilie o Bispo de referência do ER na CNBB com estudo de temas de interesse e encaminhem aos Bispos referenciais da área subsídios produzidos ou recolhidos para fins de atualização do episcopado;
- Realizar o 4º ENBRER de forma participativa, antes, durante e após o Encontro.

Referências: DGAE, n. 99, 116, 118.

Prazo: 2017

2.2. 13º Encontro Nacional de Ensino Religioso (ENER) – com novo perfil

Objetivo

Reunir pessoas de referência em educação e ensino religioso dos Estados e Municípios: representantes de entidades responsáveis pela formação em ER, instituições de ensino superior e outras; representantes de Secretarias de Educação responsáveis pelo Ensino Fundamental na organização e prática do ER nas unidades da rede oficial de ensino; representantes da rede particular gerenciadas por entidades católicas; e outros interessados na reflexão e diálogo entre as partes envolvidas na organização, acompanhamento e formação de professores para a referida área.

Estratégias

- Realizar o levantamento das iniciativas existentes no Brasil no âmbito da realização de eventos, produção de subsídios e da formação continuada de professores para animação, acompanhamento e formação em ensino religioso;
- Promover o 13º Encontro Nacional de Ensino Religioso (ENER) em 2018, com perfil delineado com base na realidade e exigências atuais;
- Criar um Grupo de Trabalho (GT) que auxilie o Bispo de referência do ER na CNBB nesta atividade, com metodologia, temas de interesse e infraestrutura que possibilitem a organização e realização do 13º ENER.

Referências: DGAE, n. 99, 116, 118.

Prazo: 2018

3. Articulação

3.1. Revitalização do Ensino Religioso

Objetivo

Acompanhar a implantação do ER no Brasil, com a participação das Comissões de ER dos Conselhos Regionais da CNBB.

Estratégias

- Identificar setores de referência e reflexão sobre o ER nos Conselhos Regionais da CNBB;
- Estimular intercâmbio dos grupos de reflexão dos Regionais da CNBB entre si com o setor de ER;
- Incentivar a participação dos Conselhos Regionais da CNBB em eventos sobre ER e áreas afins;
- Manter ativo e atualizado o Grupo de Bispos Referenciais do Ensino Religioso nos Conselhos Regionais da CNBB;
- Dar continuidade ao projeto da biblioteca virtual da CNBB com os acontecimentos e produções atuais sobre o ER.

Referências: DGAE, n. 19, 23, 61, 99.

Prazo: 2016-2019

3.2. Organizações e Instituições que atuam em Ensino Religioso

Objetivo

Fomentar o diálogo e contribuir na articulação de organizações e instituições que atuam em ER e Educação, em âmbito nacional.

Estratégias

- Mapear a realidade do ER nas respectivas regiões do país;
- Participar de eventos que promovam o diálogo e intercâmbio entre organizações e instituições que atuam em Ensino Religioso;
- Completar e manter atualizados os dados dos Bispos referenciais do ensino religioso nos Conselhos Regionais da CNBB;
- Organizar e manter atualizado o banco de dados sobre o ensino religioso nas redes públicas e particulares de ensino, em âmbito regional, em seus níveis e respectivas etapas: da educação básica ao ensino superior.

Referências: DGAE, n. 19, 23, 61, 99.

Prazo: 2016-2019

3.3. *Assessoria da Comissão aos Conselhos Regionais*

Objetivo

Colaborar com os Conselhos Regionais no serviço às dioceses para fortalecer a ação evangelizadora nos âmbitos da cultura, da educação, do ensino religioso e do meio universitário.

Estratégias

- Manter contato com os regionais da CNBB e dioceses que desenvolvem ações evangelizadoras no âmbito da cultura, da educação, do ensino religioso e do meio universitário;
- Incentivar a realização de congressos de universitários nos Regionais da CNBB;
- Apoiar iniciativas regionais ou diocesanas que reúnam a juventude universitária e fomentem a reflexão sobre "Fé e Razão";
- Responder à necessidade de assessorias na medida em que apareçam as demandas;
- Orientar e animar equipes dos Regionais como instância de escuta e acompanhamento aos envolvidos em atividades de liderança que visem à formação inicial e permanente em ensino religioso.

Referências: DGAE, n. 61, 71, 99, 118, 119, 127.

Prazo: 2016-2019

3.4. Atividades da Comissão Episcopal para a Cultura e Educação

Objetivo

Reunir os bispos de referência e os representantes das pastorais dos regionais mais articulados com a finalidade de apresentar o plano de ação evangelizadora e as atividades dos próximos anos da Comissão.

Estratégias

Articular a ação comum entre os diferentes setores da Comissão, os bispos e seus assessores encarregados. Assim como reunir, conhecer e articular os bispos de referência e pessoas das respectivas pastorais nos Regionais.

Prazo: 2016-2019

3.5. Atividades Permanentes dos Assessores da Comissão Episcopal Pastoral para a Cultura e Educação

Objetivo

Participação dos assessores no GA e no CONSEP e elencar os gastos (aproximados) de material e custos da Comissão.

Estratégias

- Fazer um levantamento dos custos;
- Ver as possibilidades de reduzir estes gastos;

- Buscar possíveis caminhos de autofinanciamento das pastorais e uma organização sustentável da Comissão.

Prazo: 2016-2019

4. Subsídios

4.1. Documentação sobre e Ensino Religioso

Objetivo

Manter organizado e atualizado o acervo sobre o Ensino Religioso da CNBB, para atendimento ao episcopado, professores e pesquisadores, preservando a memória da ação da Igreja do Brasil em relação ao Ensino Religioso.

Estratégias

- Fazer levantamento e catalogação de documentos;
- Selecionar, elaborar, digitar, revisar e finalizar subsídios;
- Continuar a produção dos novos "Estudos da CNBB" sobre o ER no Brasil;
- Ampliar a pesquisa e estudos da CNBB, através da "Visão Panorâmica do ensino religioso na educação formal, sob a animação da CNBB nos últimos 40 anos";
- Conservar e atualizar a Biblioteca Virtual do ER no site da CNBB;

- Publicar pela Edições da CNBB parte da pesquisa e de documentos inéditos procedentes do debate sobre o ER no Brasil;
- Divulgar e/ou disponibilizar via meios *on--line* subsídios sobre o ensino religioso na educação formal, no debate da sociedade brasileira e no discurso do magistério;
- Atualizar os subsídios produzidos pela CNBB referente a realidade do ER no Brasil.

Referências: DGAE, n. 1, 61, 99.

Prazo: 2016-2019

Universidades

1. Formação e Capacitação

1.1. Formação para Docentes de Ensino Superior

Objetivo

Reunir os professores, presentes nas Instituições de Ensino Superior, a fim de manifestar o cuidado pastoral da Igreja, fomentar o cultivo da intelectualidade cristã, e incentivar a sua atuação evangelizadora no ambiente universitário.

Estratégias
- Favorecer anualmente encontro dos professores de Ensino Superior para formação,

acompanhamento pastoral e reflexão acerca do acompanhamento dos universitários;

- Incentivar a reflexão inspirada na fé cristã por meio de subsídios e produções, que apresentem a interface das suas áreas de conhecimento com o cristianismo;
- Acompanhá-los, pastoralmente, através das visitas missionárias, redes sociais e encontros pessoais.

Referências: DGAE, n. 21, 23, 24, 48, 50, 118a.

Prazo: 2016-2019

1.2. Formação para Agentes do Setor Universidades

Objetivo

Oferecer formação integral aos estudantes, aos professores, aos colaboradores do Ensino Superior e aos voluntários interessados em atuar como agentes da ação evangelizadora no âmbito universitário.

Estratégias

- Reunir anualmente os colaboradores do Setor Universidades para formação, reflexão da caminhada e acompanhamento das atividades e tendências do Ensino Superior;
- Realizar anualmente encontro de formação para novos e antigos agentes da ação evangelizadora no ambiente universitário, dentro da proposta do Setor Universidades da CNBB;

- Manter contato permanente com as lideranças da comunidade universitária nas diversas dioceses e Instituições de Ensino Superior (IES) do país, através das redes sociais, e--mails e encontros pessoais;
- Incentivar a realização dos encontros regionais de formação e assessorá-los;
- Fomentar o diálogo das expressões eclesiais, presentes nas IES, com as estruturas da Universidade, a saber, ensino, pesquisa e extensão acadêmica.

Referências: DGAE, n. 21, 23, 24, 48, 50, 118a.

Prazo: 2016-2019

1.3. Paróquias Universitárias e Capelanias
Objetivo

Realizar encontros para reflexão sobre a natureza das paróquias universitárias e capelanias e a sua especificidade como realidade eclesial ambiental.

Estratégias

- Favorecer a construção da identidade eclesial das paróquias universitárias do país;
- Promover o intercâmbio das experiências pastorais das diferentes paróquias e capelanias existentes na Igreja no Brasil;
- Realizar retiro anual com ministros ordenados e religiosos que atuam nas IES, paróquias e capelanias universitárias.

Referências: DGAE, n. 55, 56, 58, 105, 107, 108.

Prazo: 2016-2019

1.4. Missionários Universitários para a Amazônia

Objetivo

Despertar a missionariedade e a responsabilidade social das pastorais universitárias, incentivando-as a participar do projeto Missionários para Amazônia.

Estratégias

- Sensibilizar, mobilizar e capacitar universitários e profissionais para o compromisso missionário e social com a Amazônia;
- Promover cursos em articulação com o Centro Cultural Missionário (CCM) da CNBB e a Rede Eclesial Pan-Amazônica (REPAM);
- Favorecer a participação dos membros da Comissão da Amazônia no Encontro Brasileiro de Universitários Cristãos (EBRUC) e demais atividades do Setor Universidades.

Referências: DGAE, n. 16, 35, 75, 81, 82.

Prazo: 2016

1.5. Missão Universitária junto aos Presidiários

Objetivo

Aproximar os presidiários de elementos da vida universitária, que minimizem as suas indigências e qualifiquem, de forma positiva e libertadora, o seu tempo de punição.

Estratégias

- Estabelecer parcerias entre as universidades e os presídios interessados no projeto, com a assessoria de professores e estudantes de Ensino Superior;
- Apoiar a aplicação da portaria do Departamento Penitenciário Nacional (DEPEN) que consiste na diminuição da pena do apenado, por livros lidos dentro do presídio, e contribuir com a seleção títulos literários oferecidos aos presidiários;
- Articular o projeto com a Comissão Episcopal Pastoral para o Serviço da Caridade, da Justiça e da Paz (Pastoral Carcerária).

Referências: DGAE, n. 23, 64, 65, 110, 126.

Prazo: 2016-2019

1.6. Universitários Lecionautas

Objetivo

Formar jovens para a prática e a divulgação da Leitura Orante da Palavra de Deus como caminho de espiritualidade para os universitários.

Estratégias

- Estabelecer parceria com a Comissão Episcopal Pastoral Bíblico-catequética;

- Constituir grupos de jovens universitários nos Regionais da CNBB para esse empenho.

Referências: DGAE, n. 47, 50, 52, 98.

Prazo: 2016-2019

1.7. Laudato Si' nas Universidades

Objetivo

Divulgar a reflexão da Encíclica social *Laudato Si'* no ambiente universitário.

Estratégias

- Colóquios;
- Materiais formativos;
- Seminários.

Prazo: 2016-2019

2. Eventos

2.1. Encontro Brasileiro de Universitários Cristãos

Objetivo

Reunir representantes da comunidade universitária de todo Brasil, a fim de refletir, partilhar e articular a ação evangelizadora no ambiente do Ensino Superior.

Estratégias

- Realizar o encontro de colaboradores do Setor Universidades na cidade ou estado onde acontecerão os EBRUC, em 2017 e 2019, a fim de favorecer a integração do Setor Universidades com o Regional que acolherá o encontro;

- Criar uma equipe de gestão nacional para os eventos, que consiga coordenar as forças humanas e materiais que temos à disposição;
- Qualificar a divulgação dos eventos, de forma a posicioná-los de forma estratégica, diante do seu público-alvo;
- Encontrar outras formas de captação de recursos para as duas edições do Encontro Brasileiro de Universitários Cristãos;

Referências: DGAE, n. 9, 12, 46.

Prazo: 2016-2019

2.2. Congresso Mundial de Universidades Católicas

Objetivo

Participar do Congresso Mundial de Universidades Católicas, organizado pela Congregação para Educação Católica, do Vaticano.

Estratégias

- Articular a participação e contribuição do Setor Universidade no congresso mundial com o auxílio da Associação Nacional das Escolas Católicas (ANEC) e da Federação

Internacional das Universidades Católicas (FIUC);

- Colaborar com a divulgação do evento e incentivar a participação das universidades católicas brasileiras no congresso mundial.

Referências: DGAE, n. 58, 59, 60, 78, 123.

Prazo: 2016-2019

3. Articulação

3.1. Encontro das Pastorais Universitárias na América Latina

Objetivo

Participar do encontro das Pastorais Universitárias (PUs) na América Latina, para troca de experiências e articulação da ação evangelizadora no ambiente universitário latino-americano.

Estratégias

- Participar da preparação do encontro com reuniões *online*;
- Dar visibilidade ao trabalho desenvolvido no Setor Universidades, da Comissão Episcopal Pastoral para Cultura e Educação da CNBB.

Referências: DGAE, n. 58, 59, 60, 78, 123.

Prazo: 2016-2019

3.2. Missão País

Objetivo

Dar unidade pastoral e conceitual às experiências missionárias das pastorais universitárias dos regionais, das dioceses, das universidades e dos movimentos, construindo um projeto nacional a exemplo da experiência da Universidade do Chile.

Contextualização

Existe um parâmetro de realização desta proposta, que é a experiência do Setor Universidades da Conferência Episcopal Chilena.

Referências: DGAE, n. 16, 35, 75, 81, 82.

Prazo: 2016-2019

3.3. Diálogo e Comunhão das Forças Evangelizadoras no Ensino Superior

Objetivo

Dar continuidade ao processo de diálogo, comunhão e parceria do Setor Universidades com as diversas expressões evangelizadoras presentes no meio universitário.

Estratégias

- Enviar, periodicamente, informações das atividades do setor aos movimentos eclesiais;

- Participar dos encontros nacionais dos movimentos, das associações, das novas comunidades, e os encontros promovidos pela Comissão Episcopal Pastoral para o Laicato.

Referências: DGAE, n. 34, 55, 58, 60, 71.

Prazo: 2016-2019

3.4. *Missão Pastoral Universitária nos Regionais da CNBB*

Objetivo

Realizar atividades missionárias, nos regionais da CNBB, que fortaleçam a ação evangelizadora no meio universitário, em âmbito diocesano, e que favoreçam a articulação da Pastoral Universitária (PU), em âmbito regional.

Estratégias

- Manter contato com os Regionais da CNBB e dioceses que têm pastoral universitária;
- Realizar experiências missionárias nos regionais, a partir dos coordenadores diocesanos, já existentes;
- Transformar as experiências diocesanas existentes em centros de irradiação pastoral, no âmbito universitário dos sub-regionais, dos regionais da CNBB;
- Incentivar a realização de congressos de universitários nos Regionais da CNBB;

- Apoiar iniciativas regionais ou diocesanas que reúnam a juventude universitária e fomentem o diálogo entre fé e razão;
- Responder às necessidades de assessorias na medida do surgimento das demandas.

Referências: DGAE, n. 107e, 108.

Prazo: 2016-2019

4. Subsídios

4.1. Ação Evangelizadora no Meio Universitário

Objetivo

Produzir subsídios que qualifiquem a missão da pastoral na universidade, tornando Jesus Cristo contemporâneo ao ambiente universitário.

Estratégias

- Oferecer materiais que dinamizem a presença da Igreja no meio universitário, com subsídios de reflexão didáticos, motivacionais e facilitadores;
- Apresentar metodologias de trabalho pastoral nas universidades, a partir dos eixos da Pastoral Universitária: reflexão, espiritualidade e socioeducativo.

Referências: DGAE, n. 5, 31, 44, 68, 127.

Prazo: 2016-2019

4.2. Campanha da Fraternidade nas Universidades Católicas

Objetivo

Motivar a participação das universidades na preparação e realização da Campanha da Fraternidade.

Estratégias

- Incentivar encontros que estabeleçam as bases de uma parceria das universidades católicas com a CF, por meio da ANEC;
- Participar da elaboração do Texto-Base da CF e colaborar com momentos formativos sobre o tema.

Referências: DGAE, n. 23, 64, 67, 110.

Prazo: 2016-2019

4.3. Periódico com Textos de Pensadores de Inspiração Católica Brasileiros – SAL

Objetivos

- Estimular a produção de conteúdos pelos professores, universitários e profissionais cristãos, a fim de ser um espaço de diálogo da inteligência cristã do país com o campo da cultura.
- Servir como estratégia de educomunicação, integrando, de forma interdisciplinar, os ramos da educação e da cultura, em prol da cidadania e da formação humanística cristã.

Estratégias

Registrar a espiritualidade, criação cultural e pensamento pulsantes nas mentes de nossos contemporâneos e afirmar/resgatar as contribuições que os cristãos dão e deram à história da cultura e ao pensamento do Brasil, através da publicação de artigos, textos literários, crônicas, entrevistas, reportagens e artes visuais de interesse da comunidade acadêmica, profissional e artística.

Referências: DGAE, n. 5, 31, 44, 68, 127.

Prazo: 2016-2019

10. COMISSÃO EPISCOPAL PASTORAL PARA A VIDA E A FAMÍLIA

A Comissão Episcopal para a Vida e a Família, um dos serviços da Conferência Nacional dos Bispos do Brasil (CNBB), tem como missão o serviço e a promoção da Cultura da Vida e do Amor, através do anúncio do Evangelho da Família e do Evangelho da Vida. Empenha-se, para tanto, na defesa e promoção da vida humana, desde a fecundação até o término natural, e da família, como dom inestimável de Deus, "patrimônio da humanidade, lugar e escola de comunhão, primeiro espaço para a iniciação à vida cristã das crianças" (DGAE, n. 111), bem como defender os valores da pessoa, do matrimônio e da família.

A Comissão realiza esta missão através Comissão Nacional da Pastoral Familiar que tem como finalidade a promoção, articulação e acompanhamento do desenvolvimento da Pastoral Familiar em todo o Brasil, com assessoria aos Regionais da CNBB, Dioceses e Bispos. Esta atuação se concretiza através da Secretaria Nacional da Pastoral Familiar (SECREN) na produção e distribuição de materiais voltados para a evangelização e formação das famílias, da Assessoria Pedagógica Nacional que gerencia o Instituto Nacional da Pastoral Familiar na formação dos agentes da Pastoral Familiar em todo o território nacional, com material didático próprio, e as parcerias com outros Institutos de Formação Acadêmicos que colaboraram nos trabalhos da Pastoral Familiar (por exemplo: Instituto João Paulo II para Estudos sobre o Matrimônio e a Família).

São objetivos para a Comissão no quadriênio 2016-2019:

- Promoção de atividades nacionais de formação e capacitação para agentes e assessores da pastoral familiar;
- Proposição e promoção de eventos que visem congregar, integrar, animar e fortalecer as famílias na sua busca de viver o projeto de Deus e fecundar a sociedade humana com o Evangelho da Família, buscando a "vivência da santidade no matrimônio e na família" (DGAE, n. 111);
- Congregar os Movimentos, Serviços, Institutos, Associações e Comunidades de Vida, com representatividade nacional, que tem como objetivo a promoção da vida e da família, bem como a evangelização das famílias em suas diversas realidades, respeitando o carisma próprio, articulando atividades comuns e parcerias;
- Produção e distribuição de materiais didáticos, informativos e formativos na área da Defesa e Promoção da Vida e Evangelização das Famílias;

- Apoiar e assessorar, segundo a necessidade e possibilidades, as atividades evangelizadoras realizadas pelos Regionais da CNBB e Dioceses.

Composição

Dom João Bosco Barbosa de Sousa, OFM – Bispo Presidente

Dom João Carlos Petrini

Dom Wilson Tadeu Jönck, SCJ

Padre Moacir Silva Arantes – Assessor

Projetos

Vida

1. Formação e Capacitação

1.1. Assembleia Geral Ordinária da Comissão Nacional da Pastoral Familiar (CNPF)

Objetivos

- Reunir os Bispos Referenciais, Assessores Eclesiásticos e Coordenadores Leigos da Pastoral Familiar nos Regionais, junto com a Comissão Executiva Nacional da PF e Representantes Nacionais de Pastorais,

Movimentos e Serviços Nacionais para discutir a situação da evangelização das famílias no Brasil, refletindo à luz do Magistério da Igreja, e propondo caminhos de evangelização;

- Definir, avaliar e revisar as linhas gerais de ação e prioridades da Pastoral Familiar no Brasil;
- Aprovar objetivos, diretrizes e programas de evangelização das famílias;
- Promover a Pastoral de Conjunto, a articulação das atividades da Pastoral Familiar dos Regionais da CNBB e das Pastorais, Movimentos e Serviços Familiares presentes nos Regionais, bem como o entrosamento entre as lideranças;
- Promover a formação e capacitação dos membros da CNPF: bispos referenciais, assessores eclesiásticos e leigos(as) coordenadores da Pastoral Familiar no Regional, representantes de Pastorais, Movimentos e Serviços Familiares.
- Celebrar as conquistas realizadas;
- Planejar as ações nacionais e calendário para o ano seguinte;
- Promover revisões de estatuto, de cargos e funções, bem como realizar, de acordo com o estatuto, as eleições e indicações necessárias para a realização dos serviços e dos objetivos da Pastoral Familiar.

Estratégias

- Realizar o encontro anual, em Assembleia, de todos os membros da CNPF: bispos referenciais, assessores eclesiásticos e coordenadores da Pastoral Familiar nos Regionais da CNBB e representantes de Pastorais, Movimentos e Serviços Familiares;
- Promover debates e trocas de experiências através de partilhas e estudos relativos às atividades de Evangelização das Famílias;
- Promover momentos fortes de espiritualidade e também de confraternização e entrosamento entre os diversos agentes da Pastoral Familiar vindos de todos os regionais;
- Avaliar e revisar as atividades propostas deste a última Assembleia;
- Planejar calendário e atividades para o ano vindouro.

Referências: DGAE, n. 8, 40, 55, 107, 111, 112, 128.

Prazo: 2016-2019

1.2. Congresso Nacional da Pastoral Familiar

Objetivos

- Aprofundar a reflexão sobre os problemas enfrentados pela família em busca de melhor compreensão, buscando propostas e encaminhamentos para ajudar a superá-los;

- Congregar os agentes da Pastoral familiar de todo Brasil numa oportunidade de convivência, formação e capacitação, proporcionando oportunidades de integração, partilhas, reavivamento e formação em vista dos projetos da Pastoral Familiar;
- Tornar público o trabalho realizado em favor das famílias pela Pastoral Familiar, de forma especial no local onde o Congresso acontece;
- Formar e capacitar os assessores e agentes da Pastoral Familiar.

Estratégias

- Produzir material de divulgação do evento;
- Participar de reuniões, junto com a Comissão Organizadora do Regional que sediará o Evento, para acompanhamento e orientações sobre o mesmo;
- Conferências sobre o tema proposto com assessorias especializadas;
- Oficinas temáticas de partilha de experiências propostas pela organização;
- Divulgação do Evento para todas as Comissões Regionais e Diocesanas, e convite a Movimentos, Institutos, Serviços e Comunidades voltadas para a Evangelização das Famílias;
- Celebrações.

Referências: DGAE, n. 1, 8, 18, 21, 40, 42.

Prazo: 2016-2017

1.3. Simpósio Nacional da Família e Peregrinação Nacional das Famílias a Aparecida

Objetivos

- Realizar um simpósio, a partir do tema proposto para cada ano, visando capacitar os agentes de Pastoral Familiar no processo contínuo de promoção dos valores evangélicos e dos ensinamentos da Igreja Católica;
- Proporcionar maior integração e convivência entre os agentes e o clero de todo o Brasil presentes no Simpósio e na Peregrinação;
- Celebrar e dar visibilizar ao trabalho evangelizador da Pastoral Familiar;
- Mobilizar as Dioceses, Paróquias, Comunidades do Brasil para a importância da Família e da Pastoral Familiar, manifestada numa grande concentração de fiéis, em estudo e oração, no Santuário Nacional de Nossa Senhora Aparecida;
- Valorizar o Santuário Nacional de Aparecida que tem um forte apelo para as famílias brasileiras, como a "Casa da Mãe Maria", onde todos os filhos e filhas de Deus se encontram e celebram sua fé e amor a Cristo Jesus, no exemplo do Santo Casal de Nazaré.

Estratégias

- Realizar uma Missa de abertura da Peregrinação ou terço na Basílica de Nossa Senhora Aparecida, com procissão após;
- Realizar Conferências, shows musicais de conteúdo cristão, reflexões e mensagens dos Bispos presentes e testemunhos de casais;
- Combinar, no Santuário, para que Bispos membros da Comissão possam presidir algumas das celebrações do dia, colocando nelas reflexões relativas a família;
- Realizar coletivas de imprensa para divulgação do evento e das mensagens do mesmo;
- Produzir textos e vídeos de divulgação a serem difundidos nas rádios, emissoras de TV e na internet;
- Produzir material gráfico de divulgação do evento;
- Divulgar os materiais de reflexão, estudo e formação da CNPF.

Referências: DGAE, n. 1, 8, 18, 21, 40, 42, 87, 88.

Prazo: 2016-2019

1.4. Encontro Nacional de Estudos sobre Matrimônio e Família para Bispos Referenciais, Assessores Eclesiásticos e Agentes Leigos da Pastoral Familiar

Objetivos

- Oferecer estudos sobre o Matrimônio e a Família para formação dos Bispos Referenciais,

Assessores Eclesiásticos e Agentes Leigos da Pastoral Familiar;

- Promover o conhecimento, a integração e a partilha de experiências entres os participantes motivando a vivência da comunhão e do diálogo;
- Promover reflexões e debates que possam auxiliar na revisão e atualização das propostas de trabalho nos Regionais da CNBB.

Estratégias

O Encontro transcorrerá em quatro momentos:

1. Estudos teológicos sobre Matrimônio e Família;
2. Revisão e atualização das propostas pastorais que estiverem sendo desenvolvidas;
3. Convivência fraterna e partilha de experiências;
4. Momentos de Espiritualidade centrados no ministério e na missão de assessores e agentes.

Referências: DGAE, n. 11, 50, 61, 71, 107, 110.

Prazo: 2016-2019

2. Eventos

2.1. Semana Nacional da Vida e Valorização do Dia do Nascituro

Objetivos

- Fortalecer na sociedade a consciência do valor sagrado da vida humana, desde a fecundação até o seu fim natural, e da dignidade da pessoa em todas as circunstâncias de sua existência na família e na sociedade;

- Despertar a consciência sobre uma ecologia integral, onde se compreende e se defende a vida humana dentro de uma teia de relações com as demais formas de vida e a própria natureza, numa compreensão também do planeta como a casa comum sob os cuidados do homem.

Estratégias

- Promover o mês de outubro como Mês da Vida, através da Semana Nacional da Vida e do Dia do Nascituro (8 de outubro) e de outras atividades de promoção da vida que acontecem neste mês;
- Incentivar a realização da Vigília e Oração pela Vida Nascente (Advento);
- Produzir e divulgar o subsídio Hora da Vida com reflexões sobre o valor da vida humana e a importância da ecologia;
- Elaborar peças de divulgação da Semana Nacional da Vida, do subsídio Hora da Vida (cartaz, folhetos, mídia etc.) enviá-los aos Regionais, Dioceses, Paróquias, Meios de Comunicação Católicos e outros;
- Articular ações e eventos de promoção e defesa da vida envolvendo outros setores, Co-

missões e entidades da Igreja e Sociedade Civil;

- Mobilizar as Dioceses, Prelazias, Paróquias, Comunidades, Pastorais, Movimentos e Serviços, sobretudo familiares, para assumir a Semana da Vida e promover o mês de outubro unindo o tema da missão com o tema da vida;
- Envolver-se na divulgação de campanhas em favor da saúde (por exemplo: combate ao câncer através do "outubro rosa" e "novembro azul"; incentivo à doação de sangue, de medula óssea e de órgãos);
- Construir parcerias com a Comissão Bíblico-Catequética e a Comissão para a Juventude para fomentar, em seus ambientes de atuação, a reflexão sobre a importância da vida e da pessoa humana, bem como o conhecimento do Magistério da Igreja sobre o assunto;
- Construir em parceria com Comissão para o Ecumenismo e Diálogo Inter-religioso projetos de Promoção e Defesa da Vida envolvendo outras igrejas cristãs e grupos não cristãos.

Referências: DGAE, n. 21, 23, 27, 62, 63, 64, 70, 87, 110, 118, 121, 122,124; LS, n. 130-136.

Prazo: 2016-2019

2.2 Congresso e Encontro Mundial das Famílias – Dublin – 2018

Objetivos

- Fortalecer os laços familiares e enfatizar o papel da família à luz dos ensinamentos de Cristo e da Igreja;
- Promover um encontro de agentes de pastoral familiar (clérigos e leigos) de todo mundo com o Papa para uma motivação e fortalecimento na missão;
- Envolver a Igreja do Brasil, através da CEPVF da CNBB, nos eventos de formação, comunhão e articulação promovidos pelo Pontifício Conselho para a Família do Vaticano;
- Envolver os Regionais, Dioceses, Paróquias no aprofundamento do tema proposto para o Encontro Mundial e repercutir os ensinamentos recebidos no Congresso.

Estratégias

- Enviar, em nome da CEPVF da CNBB, uma delegação oficial para participar do Congresso e dos Eventos do Encontro, manifestando a presença da Igreja do Brasil;
- Utilizar os conteúdos de exposição do Tema do Encontro, devidamente adaptados, para divulgar o mesmo através de subsídios da Comissão;

- Incentivar a participação de Grupos de Famílias Peregrinas no Encontro;
- Divulgar o Congresso e o Encontro Mundial através dos meios de comunicação da Comissão e outros meios de comunicação;
- Disseminar os conteúdos obtidos através do Congresso para outros membros da Pastoral Familiar, utilizando-os também na produção de subsídios.

Referências: DGAE, n. 8, 11, 71.

Prazo: 2018

2.3 Semana Nacional da Família

Objetivos

- Difundir e promover a importância da Família e também os ensinamentos de Cristo e da Igreja sobre os relacionamentos, o matrimônio e a família a partir do tema proposto para o ano;
- Incentivar todas as Dioceses, Paróquias e Comunidade a refletirem a realidade da família a partir da temática proposta (através de reflexões em grupo, estudos, celebrações etc.);
- Mobilizar a sociedade brasileira para refletir, e promover os valores humanos e cristãos que fortalecem a vivência familiar e a participação da família na Igreja e na sociedade;

- Propagar e anunciar a família como bem social;
- Divulgar através da Semana Nacional da Família temas importantes propostos pela CNBB e a Igreja Universal;
- Promover a integração a partir das ações da Pastoral Familiar com outras Pastorais, Movimentos e Serviços na Diocese e nas paróquias, e também com as escolas, creches e outras organizações que, na sociedade, tem contato com a realidade familiar.

Estratégias

- Elaborar e divulgar material promocional da SNF (por exemplo: cartazes, folders, gravações etc.) através do envio a todas as Dioceses e Paróquias;
- Elaborar, divulgar e distribuir o subsídio Hora da Família e outros que aprofundem temas específicos relacionados a missão da CEPVF;
- Mobilizar as Dioceses, Prelazias, Paróquias, Comunidades, Pastorais, e Movimentos eclesiais para assumirem a Semana da Família como um tempo forte de evangelização e celebração litúrgica na vida da comunidade, bem como a conscientização dos valores evangélicos e outros valores humanos de convivência, solidariedade na família;

- Realizar Celebrações, Conferências, Atividades envolvendo creches, escolas, associações de famílias;
- Produzir e divulgar reflexões e manifestos nos meios públicos e sociais reproduzindo o tema do ano e também a importância da família na construção da vida das pessoas e da própria sociedade.

Referências: DGAE, n. 9, 30, 33, 42, 49, 56, 71, 74, 87, 111.

Prazo: 2016-2019

3. Articulação

3.1. Reestruturação da Assessoria Pedagógica da CNPF. Revisão, Reelaboração e Ampliação dos Conteúdos Formativos do INAPAF. Criação de Novos Modelos de Formação Acadêmica, Pastoral e Espiritual para Agente

Objetivos

- Estruturar a Equipe de Assessoria Pedagógica da CNPF envolvendo especialistas, agentes e assessores da área pastoral, teológica, pedagógica e ciências humanas;
- Avaliar os materiais de formação e capacitação para agentes de Pastoral Familiar oferecidos pelo INAPAF;

- Promover uma revisão dos módulos do INA-PAF efetuando as necessárias correções e atualizações nos conteúdos dos mesmos;
- Elaborar novos materiais didáticos e pedagógicos sobre assuntos ou temas importantes na promoção e defesa da vida, do matrimônio e da família, para formação e capacitação dos agentes da Pastoral Familiar em todo o território nacional;
- Estabelecer parceria com a Comissão Bíblico-Catequética, Juventude, Ecumenismo, Liturgia, Vida Consagrada e Ministérios Ordenados para elaboração ou divulgação de subsídios sobre a família que afetem as áreas de atuação destas Comissões, ou subsídios destas Comissões que possam auxiliar no trabalho da Comissão Vida e Família;
- Estabelecer parcerias com institutos Teológicos, Universidades e Faculdades para criação de Cursos Acadêmicos (pós-graduação, mestrados e doutorados) na área do matrimônio e da família.

Estratégias

- Reorganizar a Equipe de Assessoria Pedagógica da CNPF e do INAPAF;
- Montar de uma equipe de trabalho envolvendo os atuais monitores do INAPAF e outros profissionais e agentes que estão atuando nos Regionais na formação e capacitação de

agentes para avaliar a metodologia e os conteúdos formativos e propor correções ou novas iniciativas;

- Realização de Pesquisa junto aos núcleos do INAPAF nos regionais;
- Realizar um seminário de estudo com a equipe de assessoria sobre os temas da atualidade, documentos recentes da Igreja que tocam as questões da vida e da família;
- Conseguir consultores ou assessores especializados nas áreas de estudo propostas, tanto das Comissões da CNBB como de outros setores da Igreja e da sociedade.

Referências: DGAE, n. 21, 42, 93, 118, 120,123, 127.

Prazo: 2016-2019

3.2. Comissão de Defesa da Vida e de Bioética

Objetivos

- Manter vigilância frente aos poderes públicos, quanto a ação legislativa que possa fortalecer uma cultura de morte e desvalorização e desrespeito a vida humana desde a fecundação até o término natural;
- Promover ações de valorização da Cultura da Vida e do Evangelho do Vida;
- Promover o conhecimento dos textos e orientações do Magistério Eclesial sobre a vida

humana, bem como a literatura científica que forneça embasamento a promoção e defesa da vida desde a fecundação até o término natural;

- Orientar e acompanhar a formação de Comissões de Promoção e Defesa da Vida ou de Bioética nas Dioceses;
- Promover a divulgação da *Laudato Si'* e da importância da ecologia integral.

Estratégias

- Tornar acessíveis os critérios de valor e juízos avaliativos a respeito dos avanços científicos e biotecnológicos, com especial atenção à defesa e promoção da vida humana e sua dignidade;
- Tornar acessíveis os conteúdos do Magistério da Igreja sobre os temas referentes a vida humana (início, procriação, cuidado, término);
- Orientar e acompanhar a implantação comissões diocesanas e/ou regionais de Promoção e Defesa da vida e/ou Comissões de Bioética;
- Promover cursos e encontros para especialistas nas áreas das ciências humanas e teológicas que envolvem a reflexão sobre a vida humana;

- Construir uma compreensão integral da Ecologia, envolvendo a preocupação com a vida humana, dos demais seres e de todo o planeta.

Referências: DGAE, n. 21, 23, 27, 62, 63, 64, 70, 110, 118, 124; LS, n. 130-136.

Prazo: 2016-2019

3.3. Associações de Famílias

Objetivos

- Congregar pessoas, de forte convicção e vivência cristã, que unam suas capacidades e empenho para fortalecer a família através da promoção de políticas públicas em favor da instituição familiar;
- Motivar a criação de Associações de Famílias que possam atuar diretamente na sociedade civil, em ambientes hoje de difícil penetração para a Igreja, através de elaboração de políticas públicas e manifestações contrárias a políticas nocivas a vida e a família;
- Reelaborar modelos jurídicos para a implantação das associações;
- Promover e capacitar os membros das Associações de Famílias do Brasil através de encontros de formação, reuniões de partilha etc.

Estratégias

- Buscar parcerias com grupos da sociedade civil;
- Elaborar subsídios para implantação das associações de famílias;
- Promover reuniões, encontros de formação e partilha com as Associações de famílias existentes;
- Traçar estratégias de ação na esfera social e política junto com as Associações.

Referências: DGAE, n. 75, 92, 123.

Prazo: 2016-2019

3.4 Assessoria aos Regionais da CNBB

Objetivos

- Atender as necessidades de assessoria manifestadas e solicitadas pelos Regionais da CNBB em relação às questões relativas à vida e à família;
- Participar de Assembleias, Congressos e Encontros Regionais em que a presença do Assessor Nacional seja solicitada;
- Realizar reuniões com os Bispos Referenciais, Assessores Eclesiásticos e Coordenadores Regionais da Pastoral Familiar e Comissões de Defesa da Vida e Bioética;

- Sensibilizar e motivar para os trabalhos da Pastoral Familiar e Comissões de Defesa da Vida;
- Conhecer melhor as realidades dos Regionais da CNBB.

Estratégias

- Estabelecer contato direto com os Bispos Presidentes e Secretários dos Regionais, bem como com os Secretários Executivos dos Regionais para partilhar informações, colher sugestões e receber solicitações;
- Aproveitar os eventos (Encontros, Congressos, Assembleias etc.) realizados no Regional e pelo Regional para estabelecer contato direto com os Assessores Eclesiásticos e Coordenadores Diocesanos da Pastoral Familiar;
- Aguardar solicitações do Regional, através de Coordenações Regionais da Pastoral Familiar, ou da própria Presidência e Secretaria do Regional.

Referências: DGAE, n. 8, 71, 72.

Prazo: 2016-2019

3.5. Reunião Ordinária da Comissão Episcopal Pastoral para a Vida e a Família

Objetivos

- Planejamento e desenvolvimento de ações evangelizadoras no âmbito da Vida e da Família, dentro dos projetos aprovados no 22º Plano Pastoral;

- Avaliação e revisão das ações evangelizadoras realizadas;
- Resolução de questões e encaminhamentos que se fizerem necessários em vista das ações evangelizadoras propostas ou de necessidades que surgirem.

Estratégias

- Três reuniões ordinárias na sede da CNBB com a presença dos Bispos, Assessor Nacional, Casal Coordenador Nacional da CNPF;
- Reuniões extraordinárias aproveitando eventos em que todos os membros da Comissão estejam presentes;
- Em vista de contenção de despesas, coincidir as reuniões com eventos onde a maioria dos participantes já tenham que estar presentes.

Referências: DGAE, n. 11, 40, 107, 110, 111.

Prazo: 2016-2019

3.6. Eventos Nacionais e Internacionais Promovidos pela Igreja Relacionados à Vida e à Família

Objetivo

- Construir a integração, unidade e comunhão da CEPVF da CNBB com as Pastorais, Movimentos e Serviços Familiares envolvidos na evangelização das famílias e promoção e cuidado com a dia;

- Manifestar o interesse e compromisso da CEPVF da CNBB e da CNPF com Organismos ligados a evangelização das famílias e promoção e defesa da vida de Conferências Episcopais de outros países;
- Participar, de forma eficaz e produtiva, de eventos (Encontros, Congressos, etc.) promovidos pelo Pontifício Conselho para a Família.

Estratégias

- Participar de Eventos Internacionais (Encontros, Congressos, Assembleias etc.) promovidos, no Brasil e em outros países, por outros Organismos ligados à Igreja ou a ela pertencentes, que possam oferecer alguma colaboração para os trabalhos da CEPVF e CNPF no Brasil. Participar em âmbito nacional de assembleias e congressos promovidos por estas Pastorais, Movimentos;
- Participar de Eventos Nacionais (Encontros, Congressos, Assembleias) promovidos por Pastorais, Movimentos, Serviços Familiares reconhecidos pela CNBB ou Santa Sé, visando promover a integração, articulação e comunhão com os mesmos em vista de um melhor desempenho das atividades relacionadas à vida e à família em território nacional. Ser-

viços e Institutos Familiares conhecendo sua organização, dinâmica de funcionamento, carismas e trabalhos;

- Promover reuniões ampliadas para debater projetos em comum e partilhar calendários;
- Abrir espaço para a participação destas Pastorais, Movimentos, Serviços e Institutos na Assembleia Geral Ordinária da Pastoral Familiar e em encontros promovidos pela mesma nacionalmente ou regionalmente.

Referências: DGAE, n. 105, 107.

Prazo: 2016-2019

4. Subsídios

4.1. Elaboração de Subsídios de Formação para a Pastoral Familiar

Objetivos

- Atualizar materiais de estudo e de evangelização produzidos pela Comissão e Pastoral Familiar;
- Produzir materiais de estudo teológico e também de cuidado espiritual e pastoral para a evangelização das famílias, comunicando as reflexões importantes para os agentes de pastoral familiar e para as famílias terem aces-

so ao ensinamento do Magistério da Igreja e teologia do matrimônio e da família;

- Produção de panfletos de explicação ou orientação sobre temas pastorais referentes às famílias;
- Estabelecer parceria com outras Comissões Episcopais através de publicações de artigos e materiais de estudo comum;
- Estabelecer parcerias para produção de conteúdo escrito, audiovisual, para internet que sirvam para a divulgação dos ensinamentos de Cristo e da Igreja sobre a Vida e a Família.

Estratégias

- Produzir conteúdo de qualidade para informação, reflexão e formação de agentes de pastoral, grupos de casais, jovens e de famílias (livros, audiovisuais, conteúdo de internet etc.);
- Produzir mídias de divulgação de valores familiares e comunicação da Palavra de Deus e reflexões da Igreja;
- Produzir subsídios de reflexão de acordo com temáticas propostas pela CNBB e Igreja Universal (por exemplo: Ano da Misericórdia etc.);
- Publicação anual dos subsídios Hora da Família e Hora da Vida;

- Publicação trimestral da Revista Vida e Família de circulação nacional;
- Publicação de textos e livros de interesse para o trabalho de evangelização das famílias e promoção da vida;
- Desenvolvimento de um boletim *online* da Pastoral Familiar.

Referências: DGAE, n. 71, 118, 119, 127.

Prazo: 2016-2019

11. COMISSÃO EPISCOPAL PASTORAL PARA A JUVENTUDE

A Comissão Episcopal Pastoral para a Juventude, criada durante a 49ª Assembleia Geral da CNBB, tem como seu grande objetivo favorecer mecanismos (estruturas, formação, instrumentos) para o amadurecimento do jovem na sua vocação de discípulo missionário de Jesus Cristo.

Para organizar a Pastoral Juvenil no Brasil, a Comissão promove a vocação e a missão, a formação e a espiritualidade e a organização da juventude para que ela atue na Igreja e no mundo. Por esta razão, acompanha os serviços de evangelização da juventude oferecidos pelos Movimentos, Pastorais da Juventude, Novas Comunidades, Institutos e Congregações Religiosas, Grupos Jovens Paroquiais e busca integração com as demais pastorais e serviços eclesiais afins. O Setor Juventude, como espaço de comunhão em nível diocesano, é motivado e orientado para que aconteça a unidade das diversas expressões eclesiais em vista de uma melhor atuação eclesial e social.

Para se configurar e estabelecer suas metas para o quadriênio, a Comissão Episcopal Pastoral se ilumina, principalmente, pelo Documento 85 – Evangelização da Juventude, pelas últimas Diretrizes Gerais da Ação Evangelizadora da Igreja no Brasil e pela Campanha da Fraternidade sobre Juventude em 2013.

O contexto eclesial da Jornada Mundial da Juventude realizada no Rio de Janeiro em 2013 motiva e orienta, também, o trabalho juvenil no país nestes próximos anos: "A crescente participação do Brasil nas Jornadas Mundiais da Juventude convida à organização de um caminho que garanta o crescimento da animação dos jovens em vista de sua identidade de discípulos missionários de Jesus Cristo" (Doc. 94, n. 81).

É preciso estimular em todos os jovens o espírito missionário com o qual possam levar outros jovens a um encontro pessoal com Jesus Cristo e o projeto de vida proposto por Ele (cf. Doc. 85, n. 175-176).

Composição

Dom Vilsom Basso, SCJ – Presidente da comissão CEPJ

Dom Antonio Emídio Vilar, SDB

Dom Nelson Francelino Ferreira

Pe. Antonio Ramos do Prado, SDB – Assessor Nacional da CEPJ

Projetos

1. Formação e Capacitação

1.1. Romaria Nacional da Juventude

Objetivo

Estimular a participação da Juventude do Brasil, favorecendo a unidade e capacitação das diversas expressões de juventude na casa da Mãe Aparecida na preparação dos 300 anos do encontro da Imagem de Aparecida, fortalecendo a convivência dos bispos com a juventude e da juventude com os bispos e com a Igreja.

Estratégias

- Através de tendas de catequese e oficinas;
- Show de evangelização;
- Terço e vigília dentro do Santuário;
- Romaria em torno do Santuário;
- Missa dentro do Santuário.

Referência: Rota 300. 300 anos de bênçãos: Com a Mãe Aparecida, juventude em missão.

Prazo: 2016-2019

1.2. Capacitação de Acompanhantes de Adolescentes e Jovens, Assessores, Coordenadores de Grupo Jovem e Liderança Juvenil

Objetivo

Favorecer a formação contínua de jovens e adultos para que a evangelização das juventudes tenha maior qualidade e visibilidade na sociedade.

Estratégias

- Através do Ensino a Distância – EaD;
- Seminários presenciais;
- Subsídios e oficinas.

Referências: Documento 85 da CNBB – *Evangelização da Juventude: Perspectivas e desafios*; Documento (estudo) 103 – *Pastoral Juvenil no Brasil: Identidade e Horizonte*; Documento do CELAM – *Civilização do Amor: Projeto e Missão*.

Prazo: 2015-2019

1.3. Acompanhamento dos 18 Regionais da CNBB

Objetivo

Acompanhar e assessorar os 18 regionais à medida que os bispos referenciais convidarem.

Estratégias

Conseguir as passagens através dos regionais da CNBB.

Referências: Documento 85 da CNBB – *Evangelização da Juventude: Perspectivas e desafios*; Documento (estudo) 103 – *Pastoral Juvenil no Brasil: Identidade e Horizonte*; Documento do CELAM – *Civilização do Amor: Projeto e Missão*.

Prazo: 2015-2019

1.4. Acompanhamento das PJs, Movimentos, Congregações e Novas Comunidades

Objetivo

Manter e acompanhar as 4 expressões de juventude da Igreja do Brasil para fortalecer a unidade.

Estratégias

Participar de encontros:

1. Duas reuniões com os 4 secretários e 4 assessores religiosos das PJs;
2. Dois encontros dos Movimentos;
3. Dois encontros das Novas Comunidades;
4. Dois encontros das Congregações.

Referências: Documento 85 da CNBB – *Evangelização da Juventude: Perspectivas e desafios*; Documento (estudo) 103 – *Pastoral Juvenil no Brasil: Identidade e Horizonte*; Documento do CELAM – *Civilização do Amor: Projeto e Missão*.

Prazo: 2015-2019

1.5. Acompanhamento das Pastorais da Juventude (PJE, PJ, PJMP e PJR)

Objetivo

Manter o acompanhamento das quatro pastorais da Juventude: Pastoral da Juventude Estudantil, Pastoral da Juventude, Pastoral da Juventude do Meio Popular e Pastoral da Juventude Rural para que se fortaleça na unidade e missão.

Estratégias

- Participar e acompanhar as reuniões e cada pastoral ao longo de cada ano;

- Realizar uma vez por ano uma reunião com os 4 secretários e os 4 assessores religiosos das pastorais;
- Se fazer presente nas ampliadas e assembleias de cada pastoral.

Referências: Documento 85 da CNBB – *Evangelização da Juventude: Perspectivas e desafios*; Documento (estudo) 103 – *Pastoral Juvenil no Brasil: Identidade e Horizonte*; Documento do CELAM – *Civilização do Amor: Projeto e Missão*.

Prazo: 2015-2019

2. Eventos

2.1. Atividades Permanentes: Jornada Diocesana da Juventude, Dia Nacional da Juventude, Lectionautas, Missão na Amazônia e Jornada Mundial da Juventude

Objetivo

Fortalecer a formação integral dos jovens para que o protagonismo juvenil possa ampliar o número de discípulos e missionários de Jesus Cristo.

Estratégias

- Incentivar os jovens para participarem dos encontros de capacitação técnica e voluntariado missionário;

- Divulgar o projeto Lectionautas no site "Jovens conectados";
- Adquirir e divulgar o Texto-Base sobre o Lectionautas.

Referências: Documento 85 da CNBB – *Evangelização da Juventude: Perspectivas e desafios*; Documento (estudo) 103 – *Pastoral Juvenil no Brasil: Identidade e Horizonte*; Documento do CELAM – *Civilização do Amor: Projeto e Missão*.

Prazo: 2015-2019

2.2. Encontros Internacionais

Objetivo

Manter a unidade da Igreja na opção afetiva e efetiva pelos jovens. Trocar experiências para aperfeiçoar a evangelização da juventude.

Estratégias

Participar de reuniões e eventos promovidos pelo Cone Sul, CELAM e Pontifício Conselho para os Leigos.

Referências: Orientações Gerais do CELAM; Documento 85 da CNBB – *Evangelização da Juventude: Perspectivas e desafios*; Documento (estudo) 103 – *Pastoral Juvenil no Brasil: Identidade e Horizonte*; Documento do CELAM – *Civilização do Amor: Projeto e Missão*.

Prazo: 2015-2019

2.3. *"300 anos de bênção: com a Mãe Aparecida, Juventude em Missão"*

Objetivo

"Cultivar, na alegria do Jubileu de Aparecida, o ardor missionário da juventude brasileira acompanhada pelos seus assessores, a partir da estrutura orgânica da Igreja (nacional, regionais, dioceses e comunidades eclesiais) e de um processo pedagógico de evangelização, contribuindo, assim, com a concretização das três principais linhas de ação decididas no 1º Encontro de Revitalização da Pastoral Juvenil Nacional".

Estratégias

As conclusões do Encontro de Revitalização da Pastoral Juvenil no Brasil, ocorrido em dezembro de 2013, destacaram como urgentes as três seguintes questões (Linhas de Ação):

1. a MISSÃO: postura e experiência missionária, defesa da vida;
2. a ASSESSORIA: assessores em rede, formação, paixão e compromisso, maior número;
3. as ESTRUTURAS de acompanhamento: Setor Diocesano da Juventude, unidade, pastoral de conjunto, espaços para os jovens.

Referências: DAp; Documento 85 – *Evangelização da Juventude*; Projeto Nacional dos 300 anos de Aparecida.

Prazo: 2015-2017

2.4. Encontro Nacional de Jovens e Adultos de Congregações que Trabalham com Juventudes

Objetivo

Fortalecer a unidade entre os diversos carismas e capacitá-los para ampliar o acompanhamento e evangelização da juventude.

Estratégias

- Palestras;
- Mesas de debate;
- Celebrações;
- Exposições dos trabalhos dos carismas.

Referências: Documento 85 da CNBB – *Evangelização da Juventude: Perspectivas e desafios*; Documento (estudo) 103 – *Pastoral Juvenil no Brasil: Identidade e Horizonte*; Documento do CELAM – *Civilização do Amor: Projeto e Missão*.

Prazo: 2015-2019

3. Articulação

3.1. Equipe e Site de Comunicação da CEPJ

Objetivo

Fortalecer a espiritualidade e unidade do grupo e ampliar e fortalecer o espaço de evangelização a partir das redes sociais.

Estratégias

- Uma reunião com a coordenação;
- Uma reunião em conjunto com a CPJN;
- Atualização do site;
- Curso de comunicação para as lideranças juvenis.

Referências: Documento 85 da CNBB – *Evangelização da Juventude: Perspectivas e desafios*; Documento (estudo) 103 – *Pastoral Juvenil no Brasil: Identidade e Horizonte*; Documento do CELAM – *Civilização do Amor: Projeto e Missão*.

Prazo: 2015-2019

3.2. II Encontro Nacional de Revitalização da Pastoral Juvenil

Objetivos

- Avaliar o projeto "Rota 300" à luz do Documento 85;
- Planejar 2018 e 2019.

Estratégias

- Conhecer a diversidade do trabalho juvenil;
- Relançar os projetos comuns de evangelização da juventude;
- Capacitar com relação aos documentos e orientações da CNBB (CEPJ);
- Encontrar pontos em comum para uma melhor pastoral juvenil no país.

Referências: Documento 85 da CNBB – *Evangelização da Juventude: Perspectivas e desafios*; Documento (estudo) 103 – *Pastoral Juvenil no Brasil: Identidade e Horizonte*; Documento do CELAM – *Civilização do Amor: Projeto e Missão*.

Prazo: 2017

3.3. Reunião da CEPJ com os 18 Bispos e Padres Referenciais da Juventude nos Regionais da CNBB

Objetivo

Partilhar percepções, experiências, sonhos e espaços de formação para alimentar a unidade na missão comum da Pastoral Juvenil no país.

Estratégias

- Para os bispos: reunir duas vezes por ano (uma das reuniões será na assembleia da CNBB);
- Para os padres: duas reuniões anuais;
- Elaborar um plano pastoral para o regional;
- Acompanhar os responsáveis diocesanos de juventude.

Referências: Documento 85 da CNBB – *Evangelização da Juventude: Perspectivas e desafios*; Documento (estudo) 103 – *Pastoral Juvenil no Brasil: Identidade e Horizonte*; Documento do CELAM – *Civilização do Amor: Projeto e Missão*.

Prazo: 2015-2019

3.4. Encontro Nacional de Adultos que Trabalham com Jovens

Objetivo

Fortalecer a unidade entre os diversos adultos de expressões juvenis e dioceses e capacitá-los para melhor atuarem na evangelização da juventude.

Estratégias

- Momento de formação espiritual e intelectual;
- Partilha do trabalho realizados nas dioceses e expressões;
- Apresentação da vivência do projeto "Rota 300".

Referências: Documento 85 da CNBB – *Evangelização da Juventude: Perspectivas e desafios*; Documento (estudo) 103 – *Pastoral Juvenil no Brasil: Identidade e Horizonte*; Documento do CELAM – *Civilização do Amor: Projeto e Missão*.

Prazo: 2015-2019

3.5. Encontro Nacional de Coordenadores Jovens de Grupos Paroquiais

Objetivo

Acolher e acompanhar os grupos jovens das paróquias do Brasil que não se identificam com as 4 expressões (PJs, Movimentos, Novas Comunidades e

Congregações), através de um encontro nacional das lideranças dos mesmos.

Estratégias

- Criar um banner de cadastramento no site www.JovensConectados.org.br;
- Realizar um Encontro Nacional com os líderes dos grupos;
- Produzir subsídios que possam contribuir na formação integral dos jovens.

Referências : Documento 85 da CNBB – *Evangelização da Juventude: Perspectivas e desafios*; Documento (estudo) 103 – *Pastoral Juvenil no Brasil: Identidade e Horizonte*; Documento do CELAM – *Civilização do Amor: Projeto e Missão*.

Prazo: 2017-2019

3.6. *Pastoral Juvenil e Crisma*

Objetivo

Em parceria com a Comissão Bíblia e Catequese encontrar canais de evangelização dos jovens para que os mesmos permaneçam na comunidade após o sacramento do Crisma.

Estratégias

- Reuniões da coordenação nacional;
- Capacitação dos coordenadores diocesanos de catequese do Crisma.

Referências : Documento 85 da CNBB – *Evangelização da Juventude: Perspectivas e desafios*; Diretório Nacional da Catequese – CNBB; Documento do CELAM – *Civilização do Amor: Projeto e Missão*.

Prazo: 2015-2019

3.7. Coordenação da Pastoral Juvenil Nacional
Objetivo
    Fortalecer a unidade das expressões e fortalecer a formação integral do grupo em vista de uma ação evangelizadora eficaz da juventude.

Estratégias
- Através de partilha de vida;
- Formação a partir de tema já agendado;
- Momento de espiritualidade;
- Trabalho em equipe.

Referências: Documento 85 da CNBB – *Evangelização da Juventude: Perspectivas e desafios*; Documento (estudo) 103 – *Pastoral Juvenil no Brasil: Identidade e Horizonte.*

Prazo: 2015-2019

3.8. Reunião da Comissão Episcopal Pastoral para a Juventude
Objetivo
    Planejar e avaliar toda ação evangelizadora da juventude na Igreja do Brasil à luz do Documento 85.

Estratégias

- Reunir-se três vezes ao ano;
- Planejar e avaliar as atividades pastorais;
- Aprovar e avaliar os grupos existentes na CEPJ.

Referências: Documento 85 da CNBB – *Evangelização da Juventude: Perspectivas e desafios*; Documento (estudo) 103 – *Pastoral Juvenil no Brasil: Identidade e Horizonte*; Documento do CELAM – *Civilização do Amor: Projeto e Missão*.

Prazo: 2015-2019

4. Subsídios

4.1. Produção de Material Formativo

Objetivo

Elaborar materiais de formação que contribuam com a capacitação de jovens e adultos na Igreja do Brasil.

Estratégias

- Reuniões via *Skype*;
- Cursos EaD e seminários presenciais;
- Reunião de 3 dias para produção de subsídios.

Referências : Documento 85 da CNBB – *Evangelização da Juventude: Perspectivas e desafios*; Documento (estudo) 103 – *Pastoral Juvenil no Brasil: Identidade e Horizonte*; Documento do CELAM – *Civilização do Amor: Projeto e Missão*.

Prazo: 2015-2019

12. COMISSÃO EPISCOPAL PASTORAL PARA A COMUNICAÇÃO SOCIAL

O Diretório da Comunicação da Igreja no Brasil apresenta a tarefa da Comissão como "animar e articular a Pastoral da Comunicação (Pascom), os processos e meios de comunicativos da Igreja no Brasil, em atenção às especificidades de cada região quanto à sua cultura, desafios e realizações na área da comunicação. É também instância de serviço e apoio frente às necessidades da Igreja no Brasil, que vem se esforçando para implementar uma comunicação integrada com as demais comissões e pastorais da Igreja" (DC, n. 239).

Neste quadriênio, seguindo na realização de sua missão de serviço, a Comissão propõe e executa atividades que possam significar "apoio e comunhão no planejamento, na organização e articulação de programas e projetos" dos regionais da CNBB e promove os quatro eixos de ação da Pastoral da Comunicação: formação e capacitação, articulação, eventos e subsídios.

Composição

Dom Darci José Nicioli, CSsR – Presidente

Dom Devair Araújo da Fonseca

Dom Roque Costa Souza

Pe. Rafael Vieira Silva, CSsR – Assessor

Pe. Antônio Xavier – Assessor

Projetos

Comunicação Social

1. Formação e Capacitação

1.1. Implementação do Diretório de Comunicação

Objetivos

- Promover estudos do Diretório de Comunicação;
- Implantar a RIIBRA como rede que dará visibilidade ao trabalho da Igreja no Brasil.

Estratégias

- Incentivar o estudo do Diretório e de outros documentos da Igreja sobre comunicação, mediante encontros presenciais e virtuais;
- Realizar cursos teórico-práticos na área da comunicação em nível nacional, regional, diocesano e paroquial.

Referência: DGAE, n. 35.

Prazo: 2016-2019

1.2. EaD – Ensino à Distância

Objetivo

"Fomentar práticas de educação para a comunicação destinadas às lideranças e às comunidades favorecendo o entendimento sobre os fundamentos orientadores das relações de comunicação na sociedade" (DC, n. 236).

Estratégias

- Divulgar o curso EaD, em parceria com a TV Século 21, sobre o Diretório e temática correlacionada para a comunicação na Igreja de todo o Brasil;
- Acompanhar o progresso dos agentes dentro da plataforma EaD;
- Manter contato com os responsáveis técnicos para eventuais aperfeiçoamentos da plataforma;
- Viabilizar novos cursos.

Referência: DGAE, n. 100.

Prazo: 2016-2019

1.3. Curso de Comunicação para Bispos

Objetivo

Oferecer a bispos cursos de aperfeiçoamento na temática de tecnologias da comunicação e seu uso na evangelização.

Estratégias

- Promover encontros com temática útil ao trabalho pastoral específico dos bispos no âmbito da comunicação;
- Treinar os interessados no uso da plataforma Epispoco.net;
- Dar continuidade ao curso patrocinado PCCS;
- Aproveitar as assembleias oficiais dos regionais para promover a formação.

Referência: DGAE, n. 91.

Prazo: 2016-2019

2. Eventos

2.1. Prêmios de Comunicação da CNBB

Objetivo

No diálogo entre a Igreja e o mundo da comunicação, reconhecer, valorizar e promover, os profissionais e suas obras quando a comunicação e a criação artística colocam em relevo a dignidade da pessoa humana.

Estratégias

- Realizar para a CNBB, anualmente, o processo de inscrição, seleção e entrega dos prêmios: "Margarida de Prata" (cinema), "Microfone de Prata" (Rádio), "Clara de Assis" (TV) e "Helder Câmara" (Imprensa);

- Criar um novo prêmio, desta vez para a trabalhos publicados exclusivamente na internet (incluindo aplicativos e outras ferramentas) que terá o nome de "Dom Luciano Mendes de Almeida";
- A escolha final dos trabalhos vencedores será feita por uma Comissão de bispos escolhida pelo Consep.

Referência: DGAE, n. 119.

Prazo: 2016-2019

2.2. Encontro Nacional da Pastoral da Comunicação

Objetivo

Articular, animar e motivar a Pastoral da Comunicação da Igreja no Brasil em seus 4 níveis de organização (nacional, regional, diocesano e paroquial) implementando a cultura de uso das novas tecnologias e formando os agentes no serviço a outras pastorais da Igreja como Liturgia e Catequese.

Estratégia

Promover um encontro bienal com os coordenadores e agentes da Pascom e da Pastoral Digital (RIIBRA), considerando também a participação de agentes de outras pastorais interessados nos temas desse evento nacional.

Referência: DGAE, n. 29.

Prazo: 2016-2019

2.3. Mutirão Brasileiro de Comunicação

Objetivo

Reunir comunicadores profissionais, pesquisadores, assessores de imprensa, alunos de cursos de comunicação, agentes de pastoral e autoridades civis para refletir e compartilhar conteúdos/experiências sobre a comunicação social na realidade contemporânea.

Estratégias

Promover o Mutirão contando com o apoio de regionais e dioceses na realização do evento, acompanhando, orientando e proporcionando a ajuda necessária.

Referência: DGAE, n. 29.

Prazo: 2016-2019

2.4. Romaria Nacional dos Comunicadores

Objetivo

Revigorar o apostolado da Igreja em relação aos meios de comunicação social, rezar por esta causa e fortalecer a unidade dos agentes de comunicação na Igreja e na sociedade.

Estratégias

- Promover uma romaria nacional a um santuário;
- Envolver expoentes da comunicação no Brasil de todas as áreas afins: TV, rádio, internet etc.

Referência: DGAE, n. 4.

Prazo: 2016-2019

3. Articulação

3.1. Encontros Regionais de Comunicação

Objetivo

Incentivar e apoiar os coordenadores da pastoral da comunicação na realização de encontros regionais visando capacitar e motivar os agentes da pastoral da comunicação.

Estratégias

- Participar, a medida do possível, do planejamento e execução de encontros regionais;
- Priorizar os encontros dos regionais mais necessitados da assessoria nacional, principalmente onde a Pascom ainda está desarticulada.

Referência: DGAE, n. 27.

Prazo: 2016-2019

3.2. Encontro Nacional dos Bispos Referenciais e Coordenadores Regionais da Pascom

Objetivo

Pactuar planos e atividades para maior mobilização da PASCOM nas dioceses e comunidades de modo que se promova a comunhão de projetos e o aperfeiçoamento do serviço prestado junto às outras pastorais.

Estratégias

Promover encontro anual para formação, interação e alinhamento de metas no trabalho da pastoral da comunicação.

Referência: DGAE, n. 8.

Prazo: 2016-2019

3.3. *Articulação das emissoras de TV, Rádios, Editores, Impressos e Agências de Comunicação de inspiração católica*

Objetivo

Promover o diálogo e ações comuns entre os meios de comunicação, seus diretores e operadores, que atuam no Brasil e fazem parte de alguma entidade da Igreja.

Estratégias

- Reunir os principais meios para acordos de interesse da CNBB;
- Realizar a cobertura jornalística da Assembleia Geral junto aos meios de comunicação católicos;
- Estabelecer parceria com a Signis Brasil na articulação dos meios de comunicação.

Referência: DGAE, n. 13.

Prazo: 2016-2019

3.4. RIIBRA: Articulação WEB, EPISCOPO.NET, CELAM, RIIAL

Objetivo

Articular e mobilizar os serviços da Igreja relacionados às tecnologias de informação, da web e das redes sociais.

Estratégias

- Representar a Conferência no departamento de comunicação do CELAM e sintonizar a RIIBRA com a RIIAL;
- Articular a Pastoral Digital;
- Divulgação da plataforma Episcopo.net;
- Elaboração de projetos conjuntos com RIIAL e PCCS.

Referência: DGAE, n. 118.

Prazo: 2016-2019

3.5. Integração com Pontifício Conselho das Comunicações Sociais

Objetivo

Atender as demandas e participar de projetos e pesquisas do Pontifício Conselho para as Comunicações Sociais no contexto da Igreja no Brasil.

Estratégias

- Participar das reuniões virtuais (eventualmente presenciais) do PCCS;
- Elaborar projetos conjuntos;
- Articular no Brasil os projetos de pesquisa do PCCS.

Referência: DGAE, n. 107.

Prazo: 2016-2019

3.6. Conexão Pascom – Programa de relacionamento pastoral

Objetivo

Favorecer o relacionamento entre os agentes da PASCOM nos regionais, dioceses e paróquias de todo o Brasil de modo que se articulem em rede e se tornem multiplicadores da informação e da organização pastoral.

Estratégias

- Animar a implementação do programa obedecendo a três fases: conhecimento, envolvimento e compromisso. Nesse processo, serão necessárias recorrentes atualizações, tanto por parte da Comissão como dos regionais;
- Individuar e delegar um coordenador voluntário para ser o articular do programa.

Referência: DGAE, n. 58.

Prazo: 2016-2019

3.7. Motivação do testemunho de fé na grande mídia, especialmente no âmbito do esporte e da arte

Objetivo

Acompanhar, apoiar, mobilizar grupos e cristãos católicos, em particular, aqueles que estão engajados no mundo esportivo e artístico.

Estratégias

- Favorecer a divulgação da caminhada de fé e as atividades de comunicação desses grupos e pessoas;
- Promover encontros de reflexão e espiritualidade com cantores, bandas e leigos católicos que atuam no campo artístico.

Referência: DGAE, n. 55-61, 76.

Prazo: 2016-2019

3.8. Acompanhamento da discussão sobre a temática da comunicação em organizações públicas e privadas

Objetivo

Acompanhar e interagir na discussão sobre comunicação em instâncias do poder público e entidades privadas que defendem uma comunicação mais democrática.

Estratégias

Tomar conhecimento das agendas de vários grupos que discutem a comunicação e, efetivamente, participar dos debates de assuntos relativos à Igreja, em entidades públicas de comunicação.

Referência: DGAE, n. 15.

Prazo: 2016-2019

13. COMISSÃO EPISCOPAL PARA A AMAZÔNIA

A Comissão Episcopal para a Amazônia (CEA) é a expressão do compromisso dos Bispos do Brasil, selado no pacto de apoio solidário e fraterno à Igreja da Amazônia, em abril de 2003. O que a distingue das demais Comissões Episcopais é sua característica territorial.

Por isso, sua organização é pautada, desde o início, por iniciativas visando ao melhor conhecimento da Amazônia e extensão da presença ação da Igreja nela. Mas a sua ênfase tem sido posta nas funções propriamente eclesiais ou religiosas, em paralelo ou conexão com o trabalho das demais Comissões.

Todos os programas e projetos visam realizar os seguintes objetivos: 1º) Conscientizar e sensibilizar a Igreja que está no Brasil frente à complexa realidade da Amazônia; 2º) favorecer o despertar e o aprofundar da consciência missionária, atendendo ao apelo da Igreja que se encontra na Amazônia, com projetos de solidariedade e programas afins, através da participação corresponsável e fraterna de todas as Dioceses; 3º) Promover uma reflexão a partir da *Laudato Si'* (Amazônia como pulmão do planeta repleto de biodiversidade) (LS, n. 38)

A Comissão para a Amazônia incentiva, estimula uma evangelização inculturada (DGAE, n. 121).

A Amazônia como teste decisivo, banco de prova para a Igreja e a sociedade brasileiras.

"A Igreja não está na Amazônia como aqueles que têm as malas na mão para partir depois de terem explorado tudo o que puderam. Desde o início a Igreja está presente na Amazônia com missionários, congregações religiosas e lá continua ainda presente e determinante no futuro daquela área" (Papa Francisco, Rio de Janeiro, 27/07/2013).

Composição

Cardeal Cláudio Hummes, OFM – Presidente

Dom Erwin Kräutler, CPPS

Dom Roque Paloschi

Dom Moacyr Grechi, OSM

Dom Sérgio Eduardo Castriani, CSSp

Dom Vicente Costa

Ir. Maria Irene Lopes dos Santos, CMST – Assessora

Projetos

1. Formação e Capacitação

1.1. Ensino Superior na Amazônia
Objetivo
Apoiar a acompanhar as instituições de Ensino Superior Católicas na Amazônia, em especial as teológicas.

Estratégia

Procurar apoios para formação do Laicato e Presbíteros.

Prazo: 2016-2019

1.2. Curso de Formação Litúrgica Amazônia Legal

Objetivo

Iniciar os agentes de pastoral das comunidades da Igreja na Amazônia na perspectiva de uma liturgia missionária e inculturada.

Estratégias

- Partilha de saberes;
- Semanas intensivas de formação;
- Responder a desafiante vida litúrgica de nossas comunidades;
- Trabalho com a comissão Pastoral Litúrgica.

Prazo: 2016-2019

2. Eventos

2.1. Semana Missionária

Objetivo

Acompanhar a realização da semana missionária nas prelazias e dioceses do Brasil.

Estratégias

- Preparar com as Pontifícias Obras Missionárias o material a ser enviado para as dioceses;
- Incentivar a realização, em todo o Brasil, na 4ª semana do mês de outubro, da Semana Missionária para Amazônia.

Prazo: 2016-2019

2.2. Congresso Eucarístico

Objetivo

Ser presença de comunhão no XVII Congresso Eucarístico Nacional como Comissão para a Amazônia e REPAM.

Estratégias

- Criar equipes de trabalhos;
- Estudar o instrumento preparatório para congresso;
- Realizar durante um dia do congresso – Um grito pela Amazônia.

Prazo: 2016

2.3. II Encontro da Igreja Católica na Amazônia Legal

Objetivo

Realizar o II Encontro da Igreja Católica na Amazônia Legal.

Estratégia

- Promover momentos de partilhas sobre a *Laudato Si'*;
- Fazer intercâmbio de iniciativas pastorais;
- Eucaristia Centro da Vida da Comunidade.

Prazo: 14 a 16 de novembro de 2016

3. Articulação

3.1. Projeto Igrejas-Irmãs na Amazônia

Objetivo

Incentivar e acompanhar o Projeto Igrejas-Irmãs na Amazônia.

Estratégias

- Participar das iniciativas Missionárias dos Regionais da CNBB;
- Divulgar o projeto nos meios de comunicação;
- Participar das Assembleias dos Regionais.

Referência: DGAE, n. 105.

Prazo: 2016-2019

3.2. Seminários sobre Laudato Si' e Amazônia

Objetivo

Realizar durante quadriênio reflexão sobre a incidência da *Laudato Si'* na região Amazônica.

Estratégias
- Seminários nos seis regionais da Amazônia;
- Curso de formação para lideranças locais;
- Acompanhamento dos seminários;
- Produzir materiais sobre a Encíclica.

Prazo: 2016-2019

3.3. Religiosos e Religiosas para Amazônia

Objetivo

Incentivar as Congregações Religiosas e os Regionais para um efetivo compromisso missionário com as Dioceses e Prelazias da Amazônia.

Estratégias
- Tornar conhecido o Plano de Evangelização Solidária na Amazônia;
- Fazer parceria com a Conferência Nacional dos Religiosos do Brasil (CRB);
- Realizar encontros com os Missionários da Amazônia;
- Resgatar a memória dos religiosos que atuaram na Amazônia.

Prazo: 2016-2019

3.4. Comitê Nacional – REPAM

Objetivo

Consolidar e fortalecer a ação da Igreja Católica na região amazônica do território Brasileiro estabelecendo uma plataforma de intercâmbio e colaboração que apoie e articule os esforços de missionários, congregações, dioceses e outras organizações seculares trabalhando em defesa da vida, da floresta e das populações locais e do bem comum em toda a bacia amazônica.

Estratégias

- Produzir material para divulgar a REPAM;
- Promover cursos e encontros para lideranças;
- Apoiar os trabalhos da Igreja em questões socioambientais, tráfico de pessoas, mineração, direitos humanos, afetados por barragens, indígenas e outros na região.

Prazo: 2016-2019

4. Subsídios

4.1. Divulgar realidade da Amazônia

Objetivo

Divulgar informações sobre a realidade da Amazônia, os trabalhos das Comissões Regionais e ação dos missionários na Amazônia.

Estratégia

- Publicar subsídios sobre os documentos da Amazônia;

- Preparar subsídios e audiovisuais;
- Publicar textos em revistas missionárias.

Prazo: 2016-2019

14. COMISSÃO ESPECIAL PARA OS BISPOS EMÉRITOS

A Comissão Especial para os Bispos Eméritos, tem como objetivo: a) Cultivar os laços de fraternidade entre os bispos eméritos para que possam viver, com fé e alegria, essa "nova fase do seu ministério de bispos da Igreja de Cristo"; b) Fortalecer a consciência de pertença ao colégio episcopal; c) Avançar os diversos aspectos da reflexão que envolve a pessoa do bispo emérito: partilha de vida; problemas e dificuldades que enfrenta; aprofundamento sobre a missão e espiritualidade do bispo emérito; d) Lembrar sempre que o bispo emérito, como membro do Colégio Episcopal, é também responsável pela Igreja e, por isso, convidado a contribuir nos diversos momentos da vida eclesial e que, a partir da Palavra e da Eucaristia, é solicitado a continuar dando testemunho de vida cristã especialmente no que diz respeito ao senso de Igreja: vivência da comunhão e em comunhão.

Composição

Dom Luiz Soares Vieira – Presidente

Dom Esmeraldo Barreto de Farias

Dom Augusto Alves da Rocha

Dom Genival Saraiva de França

1. Formação e Capacitação

1.1. Encontro de Bispos Eméritos

Objetivo

Cultivar os laços de fraternidade entre os Bispos eméritos, refletir sobre a realidade vivida, suas alegrias, problemas e dificuldades e, aprofundar o estudo sobre sua missão e espiritualidade.

Estratégias

Encontros com palestras, trocas de experiência, momentos de lazer etc.

Justificativa

Em virtude da missão que realizaram e em sinal de reconhecimento, é mister que os bispos eméritos possam se encontrar, partilhar suas experiências, apoiar-se mutuamente e aprofundar o conhecimento bíblico teológico.

Contextualização

Os bispos eméritos sentem a necessidade de encontros para cultivar a fraternidade, espiritualidade e aprofundar o estudo de temas de interesse comum.

Prazo: 2016-2019

SUMÁRIO

APRESENTAÇÃO 7
OBJETIVO GERAL 11
SECRETARIADO GERAL DA CNBB...........................13
   Composição 13
**1. COMISSÃO EPISCOPAL PASTORAL PARA OS
MINISTÉRIOS ORDENADOS E A VIDA CONSAGRADA**..............17
   Composição 18
      Bispos 18
      Assessor 18
      Organismos 18
   Projetos 19
     1. Formação e Capacitação..19
       1.1. Assembleia Geral Eletiva (AGE) 19
       1.2. Missão *Ad Gentes* intercongregacional de solidariedade
          entre a Igreja do Brasil e Igreja do Haiti 20
     2. Ministérios Ordenados..21
       2.1. Encontro com novos Bispos...........................21
       2.2. Encontros Nacionais de Presbíteros................21
       2.3. Semana Nacional de Atualização para Formadores –
          OSIB...22
       2.4. Encontro Nacional de Diretores e Formadores de
          Escolas Diaconais...22
       2.5. Escola Nacional para Formadores – CNBB 23
       2.6. Curso de Atualização para Presbíteros 23
       2.7. Encontro Nacional para a Vida Monástica e
          Contemplativa 24
       2.8. Experiências Pastorais e Missionárias
          com Seminaristas...25
     3. Eventos...25
       3.1. Assembleia Geral dos Diáconos 25
       3.2. Assembleias Nacionais dos Institutos
          Seculares..26
       3.3. Jornadas Nacionais dos Institutos Seculares.....27
     4. Articulação...27
       4.1. Reuniões da Comissão....................................27
       4.2. Animação Vocacional no Brasil......................28
       4.3. Atividades Permanentes 28

2. COMISSÃO EPISCOPAL PASTORAL
PARA O LAICATO 29
Composição 30
Projetos 31
CEBs 31
1. Formação e Capacitação...31
   1.1. Presença do Setor CEBs nos Encontros da Ampliada
      Nacional das CEBs em Preparação para o 14º
      Intereclesial das CEBs em
      Londrina-Pr – 2018...31
   1.2. Produção de Subsídios para Agentes de Pastoral e
      Assessores(as) de CEBs...31
   1.3. Realização de Seminários Bienais para Jovens das
      CEBs, das Pastorais da Juventude e Pastorais Sociais......32
   1.4. Realização de Seminários nas Macrorregiões da
      CNBB: Sulão, Nortão, Oestão, Lestão, Nordestão
      para Articuladores e Assessores Diocesanos e
      Regionais das CEBs, sobre o Tema do Próximo
      Intereclesial das CEBs..33
   1.5. Realização de uma Pesquisa sobre as CEBs hoje 33
2. Eventos...34
   2.1. Apoio aos Encontros Diocesanos e Regionais de
      Reflexão e troca de experiências em preparação
      ao 14º Intereclesial em Londrina, em 2018 34
3. Articulação...35
   3.1. Articulação e Formação de Rede de Assessores(as)
      de CEBs nos Regionais 35
   3.2. Encontro Latino-Americano e Caribenho de CEBs..........35
   3.3. Documentação das CEBs – Memória e Caminhada
      das CEBs 36
CEFEP...37
1. Formação e Capacitação...37
   1.1. Centro Nacional de Fé e Política Dom Helder Câmara
      (CEFEP)...37
Leigos 38
1. Formação e Capacitação...38
   1.1. Implementação e Acompanhamento do Plano
      Quadrienal pela CEPL..38
   1.2. Diálogo com os Movimentos, Associações, Serviços
      Eclesiais e Novas Comunidades 38
   1.3. Profissionais Cristãos..39
   1.4. Formação do Laicato nas Arquidioceses, Dioceses e
      Prelazias...40

1.5. Formação de Cristãos Leigos e Leigas
em âmbito regional 41
2. *Eventos* 41
2.1. Ano do Laicato 41
2.2. Anos Temáticos: "Ano da Misericórdia" e
"Ano Mariano" 42
3. *Articulação* 43
3.1. Acompanhamento aos Bispos Referenciais dos
Leigos e das CEBs 43
3.2. Grupo de Reflexão da Comissão Episcopal para
o Laicato 44
3.3. Diálogo com o Conselho Nacional do Laicato do
Brasil (CNLB) 45
3.4. Parcerias com outras Comissões 45
4. *Subsídios* 46
4.1. Publicações 46

**3. COMISSÃO EPISCOPAL PARA A AÇÃO
MISSIONÁRIA E COOPERAÇÃO INTERECLESIAL** 49
Animação Missionária: 50
Missão Continental: 50
Cooperação Intereclesial: 51
Composição 51
Projetos 52
Ação Missionária 52
1. *Formação e Capacitação* 52
1.1. Formação Missionária dos Conselhos |Missionários ...52
1.2. Missão Continental 52
1.3. Assessoria aos Conselhos Missionários Regionais
e Diocesanos 53
2. *Eventos* 54
2.1. Congressos Missionários 54
2.2. Projetos de Cooperação Missionária e Igrejas Irmãs ...55
2.3. Leigos e Leigas Missionários(as) Além-Fronteiras ...55
3. *Cooperação Missionária* 56
3.1. Solidariedade missionária Além-fronteiras da Igreja
do Brasil 56
4. *Articulação* 57
4.1. Assembleia e Reuniões do Comina 57
4.2. Reuniões da Comissão e com os Bispos Referenciais ...58
4.3. Repasse de Auxílio Financeiro das POMs
aos COMIREs 58

4.4. Manutenção de Atividades Permanentes da Comissão e
COMINA 59
Atividades para 2016....59

4. COMISSÃO EPISCOPAL PASTORAL PARA A ANIMAÇÃO BÍBLICO-CATEQUÉTICA....61

Composição 62
Projetos 62
Bíblico-catequética 62
1. Formação e Capacitação....62
1.1. Animação Bíblica da Vida e da Pastoral....62
1.2. Estudo de Documentos da Igreja sobre a Palavra de Deus....64
1.3. Iniciação à Vida Cristã 64
1.4. Catequese com adultos, de Inspiração Catecumenal....65
1.5. Catequese junto à pessoa com deficiência 66
1.6. Catequese com indígenas....67
1.7. Catequese e Juventude 68
2. Eventos....69
2.1. Rumo aos 50 Anos da Conferência de Medellín (10 anos do DNC; 10 anos da Conferência de Aparecida; 300 anos de Aparecida – Rota 300)....69
2.2. Ressonâncias do Pontificado do Papa Francisco na Animação Bíblico-Catequética (*Lumem Fidei*; *Evangelii Gaudium*; *Laudato Si'*; *Misericordiae Vultus*)....70
3. Articulação....71
3.1. Acompanhamento aos Regionais da CNBB 71
3.2. Grupo de Reflexão Bíblico-Catequética (GREBICAT) 72
3.3. Catequetas, Professores de Pastoral, de Bíblia e de Catequética dos Seminários e Institutos de Teologia....72
3.4. Escolas Regionais de Catequese e Cursos de Pós-Graduação em Pedagogia Catequética e Pedagogia Bíblica 73
3.5. Bispos Referenciais da Animação Bíblico-Catequética nos Regionais da CNBB 74
4. Subsídios 75
4.1. Mês da Bíblia....75
4.2. Produção de Subsídios Bíblico-Catequéticos 75

5. COMISSÃO EPISCOPAL PASTORAL PARA A DOUTRINA DA FÉ....77

Composição 78
Projetos 78
Doutrina da Fé....78

1. Formação e Capacitação.........78
  1.1. Congresso de Atualização Teológica para Professores
    de Teologia 78
  1.2. Simpósio sobre Laicidade e Laicismo.........79
2. Eventos.........79
  2.1. Simpósio: Os Fundamentos Antropológicos do
    Magistério do Papa Francisco.........79
3. Articulação.........80
  3.1. Cadastro de Pós-Graduados.........80
  3.2. Participação em Eventos Promovidos por Associações
    Teológicas.........81
  3.3. Reuniões da Comissão.........81
  3.4. Reunião da Comissão com o GIP e o Grupo de Peritos
    em Bíblia.........82
  3.5. Encontro com os Presidentes das Sociedades de
    Teólogos e Teólogas Católicos 82
4. Subsídios 83
  4.1. Revisão da Tradução da Bíblia – Edição
    da CNBB 83
  4.2. Tradução dos Documentos da Comissão Teológica
    Internacional 83
  4.3. Querigma e Reino de Deus 84
  4.4. Laicidade e Laicismo.........84

6. COMISSÃO EPISCOPAL PASTORAL PARA A LITURGIA 85
Composição 86
Assessores 86
Projetos 86
Espaço Litúrgico 86
1. Formação e Capacitação.........86
  1.1. Encontros Nacionais e Regionais de Formação em
    Arte Sacra e Espaço Litúrgico 86
2. Eventos.........87
  2.1. Exposição Itinerante – 50 Anos da *Sacrosanctum
    Concilium*. Arquitetura e Arte Sacra: Avanços e
    Perspectivas 87
3. Articulação.........88
  3.1. Viagens do Assessor para Reuniões em Brasília.........88
4. Subsídios 89
  4.1. "Projeto-Modelo" Arquitetônico de Igreja
    na Amazônia 89
  4.2. Orientações para Reforma, Adaptação e Restauração
    de Igrejas 89

Música Litúrgica 90
1. Formação e Capacitação..90
  1.1. Formação de Agentes de Música Litúrgica....................90
  1.2. Formação de Compositores e Letristas...........................91
  1.3. Revisão e Edição dos Hinários Litúrgicos da CNBB 92
  1.4. Músicas para Celebrações dos Sacramentos e
     Sacramentais...93
  1.5. Campanha da Fraternidade e Cantos Quaresmais...........94
  1.6. Liturgia das Horas..94
  1.7. Reuniões da Equipe de Reflexão.....................................95
Pastoral Litúrgica..96
1. Formação e Capacitação..96
  1.1. Formação Litúrgica nos Seminários
     e Casas de Formação 96
  1.2. Formação Litúrgica dos Diáconos Permanentes 97
  1.3. Formação Litúrgica na Amazônia Legal 97
  1.4. Inculturação da Liturgia entre os Povos Indígenas e
     Afrodescendentes..98
  1.5. Liturgia em Vista de uma Igreja em Estado de Missão 99
2. Eventos..99
  2.1. Congresso Mariológico 99
  2.2. Liturgia e Comunicação (rádio e emissoras de TV) 100
  2.3. Encontros Nacionais de Reitores de Santuários 101
  2.4. Campanhas Anuais da CNBB 102
  2.5. 50 Anos de Medellín..102
3. Articulação..103
  3.1. Animação da Pastoral Litúrgica nos Regionais 103
  3.2. Encontros dos três setores da Comissão
     Episcopal 104
  3.3. Entidades Promotoras da Vida Litúrgica........................105
  3.4. Encontros das Comissões Nacionais de Liturgia 105
  3.5. Reuniões da Equipe de Reflexão.....................................106
  3.6. Reuniões da Comissão Episcopal para a Liturgia...........106
  3.7. Atividades Permanentes da Comissão 107
4. Subsídios...107
  4.1. Acompanhamento aos Editores de Folhetos
     e Subsídios Litúrgicos...107
  4.2. Tradução e Revisão dos Textos Litúrgicos.....................108
  4.3. Subsídio para a Formação Litúrgica Popular 108
  4.4. Celebrações Dominicais da Palavra de Deus 109

7. COMISSÃO EPISCOPAL PASTORAL PARA O ECUMENISMO E O DIÁLOGO INTER-RELIGIOSO 111

Composição 112

Projetos 112

Ecumenismo 112

1. Formação e Capacitação 112

   1.1. Curso para Comissões de Ecumenismo e Diálogo Inter-Religioso e para Agentes de Pastoral 112

   1.2. Formadores dos Seminários e Professores de Institutos e Faculdades de Teologia 113

   1.3. Religiões e Cuidado com a Casa Comum no Cenário Brasileiro 114

   1.4. Celebração Comemorativa dos 500 anos da Reforma. Documento do *Conflito à Comunhão* da Comissão Bilateral Católico-Luterana 115

2. Eventos 116

   2.1. Campanha da Fraternidade Ecumênica 116

   2.2. Congresso Mariológico em Aparecida. Apresentação do Comentário de Martín Lutero sobre o *Magnificat*, na ótica Católica e Luterana 116

   2.3. Apresentar na 54ª Assembleia Geral da CNBB a Declaração Conjunta Católico-Luterana do *Conflito à Comunhão* 117

   2.4. Mutirão Ecumênico – Sulão de Ecumenismo 118

   2.5. Jornada Ecumênica 118

3. Articulação 119

   3.1. Acompanhamento dos Regionais da CNBB 119

   3.2. Acompanhamento das Comissões de Diálogo Bilateral (católico-luterana; católico-anglicana; católico-presbiteriana unida; católico-judaica) 119

   3.3. Promoção do Diálogo entre a Igreja Católica e as Religiões de Matriz Africana 120

   3.4. Diálogo Católico-Pentecostal no Brasil 121

   3.5. Criação do Conselho Nacional das Religiões (CONAREL) 121

4. Subsídios 122

   4.1. Cadernos de Ecumenismo e Diálogo Inter-Religioso 122

   4.2. Revista *Caminhos de Diálogo* 123

8. COMISSÃO EPISCOPAL PASTORAL PARA O SERVIÇO DA CARIDADE, DA JUSTIÇA E DA PAZ 125

Composição 126

Estrutura da Comissão 126

Pastorais Sociais 126
Setor da Pastoral da Mobilidade Humana 127
Organismos 127
  Cáritas Brasileira...127
  Comissão Pastoral da Terra (CPT)....................................128
  Pastoral Afro-Brasileira 128
  Pastoral da Criança..128
  Pastoral do Menor 129
  Pastoral da Pessoa Idosa...129
  Comissão Brasileira de Justiça e Paz (CBJP)........................129
  Pastoral da Saúde..130
  Pastoral da Mulher Marginalizada....................................130
  Pastoral do Povo da Rua 130
  Pastoral Carcerária 131
  Pastoral da Sobriedade..131
  Pastoral DST/Aids 131
  Conselho Pastoral dos Pescadores....................................131
  Pastoral Operária 132
  Apostolado do Mar...132
  Pastoral do Turismo 133
  Pastoral Rodoviária..133
  Pastoral dos Nômades...133
  Pastoral dos Refugiados..134
  Pastoral das Migrações: Serviço Pastoral dos Migrantes
    (SPM), Pastoral Nipo-Brasileira, Missão Polonesa e
    Estudantes Internacionais..134
Projetos 135
  1. Formação, Capacitação e Articulação 135
    1.1. Formação Permanente e Capacitação de Agentes das
      Pastorais Sociais, Organismos e Setor Pastoral da
      Mobilidade Humana 135
    1.2. Articulação entre as Coordenações Nacionais e entre as
      instâncias Regionais das Pastorais Sociais, Organismos
      e Setor Pastoral da Mobilidade Humana......................136
    1.3. Sustentabilidade das Pastorais Sociais, Organismos e
      Setor de Mobilidade Humana...................................137
    1.4. Fortalecimento e articulação das Pastorais do Setor
      Pastoral da Mobilidade Humana................................137
  2. Mobilizações 139
    2.1. Grito dos Excluídos 139
    2.2. 6ª Semana Social Brasileira.......................................140
    2.3. Encíclica *Laudato Si'* 140
  3. Articulação Social 141

3.1. Mudanças Climáticas e Justiça Social.............................141
3.2. Conjuntura Social e Movimentos Sociais 142
3.3. Fortalecimento e articulação das Pastorais do
Campo, Comunidades e Povos Tradicionais 143
3.4. Participação no Comitê de Defesa dos Territórios
frente à Mineração...143
3.5. Acompanhamento do Grupo de Reflexão:
Religiosos e Mineração..144
4. Subsídios...144
4.1. Revisão do texto de Estudo
A Igreja e as Comunidades Quilombolas 144
4.2. Texto de Estudo *O solo urbano e a urgência da paz* 145

9. COMISSÃO EPISCOPAL PASTORAL PARA A CULTURA, EDUCAÇÃO, ENSINO RELIGIOSO E UNIVERSIDADES 147
Composição 148
Projetos 149
Cultura..149
1. Formação e Capacitação..149
1.1. Diálogo com a Cultura – Formação de Agentes 149
1.2. Colóquios sobre Fé e Cultura 150
1.3. Responsabilidade Social Empresarial 151
1.4. Empresa com Valores
(parceria CNBB/ADCE/Uniapac Brasil) 152
1.5. Empreendedores Jovens (Parceria CNBB/ADCE).........154
1.6. Encontro de Diálogo entre Bispos e Empresários
(Parceria CNBB/ADCE Brasil).....................................156
1.7. Diálogos Ambientais (Parceria CNBB/ADCE Brasil) 157
2. Eventos..158
2.1. Fóruns Brasileiros de Cultura 158
2.2. Prêmio de Obra Literária..158
3. Articulação..159
3.1. Centros Culturais Católicos..159
3.2. Memória e Cultura Popular...160
3.3. Patrimônio Cultural da Igreja...161
3.4. Arte e Artistas 162
4. Subsídios 163
4.1. Subsídios de Formação para a Pastoral da Cultura 163
Educação 164
1. Formação e Capacitação..164
1.1. Pastoral da Educação 164
2. Articulação..165
2.1. Pastoral da Educação em Rede..165
2.2. Pastoral da Educação nos Regionais da CNBB 166

2.3. Pastoral da Educação e Associação Nacional de
    Educação Católica 167
2.4. Educadores da Rede Pública 167
2.5. Mobilização Social pela Educação 168
3. *Subsídios* 169
    3.1. Texto-base da Pastoral da Educação 169
    3.2. Subsídios de Formação para a Pastoral da Educação 169
    3.3. Campanha da Fraternidade na Educação 170
Ensino Religioso 171
1. *Formação e Capacitação* 171
    1.1. Assessoria Permanente ao Episcopado Brasileiro 171
    1.2. Pesquisa e Reflexão sobre o Ensino Religioso 172
    1.3. Formação em Ensino Religioso 172
2. *Eventos* 173
    2.1. 4º Encontro Nacional de Bispos Referenciais
        do Ensino Religioso 173
    2.2. 13º Encontro Nacional de Ensino Religioso (ENER) –
        com novo perfil 174
3. *Articulação* 176
    3.1. Revitalização do Ensino Religioso 176
    3.2. Organizações e Instituições que atuam em Ensino
        Religioso 177
    3.3. Assessoria da Comissão aos Conselhos Regionais 178
    3.4. Atividades da Comissão Episcopal para a Cultura e
        Educação 179
    3.5. Atividades Permanentes dos Assessores da Comissão
        Episcopal Pastoral para a Cultura e Educação 179
4. *Subsídios* 180
    4.1. Documentação sobre e Ensino Religioso 180
Universidades 181
1. *Formação e Capacitação* 181
    1.1. Formação para Docentes de Ensino Superior 181
    1.2. Formação para Agentes do Setor Universidades 182
    1.3. Paróquias Universitárias e Capelanias 183
    1.4. Missionários Universitários para a Amazônia 184
    1.5. Missão Universitária junto aos Presidiários 184
    1.6. Universitários Lecionautas 185
    1.7. *Laudato Si'* nas Universidades 186
2. *Eventos* 186
    2.1. Encontro Brasileiro de Universitários Cristãos 186
    2.2. Congresso Mundial de Universidades Católicas 187
3. *Articulação* 188
    3.1. Encontro das Pastorais Universitárias

na América Latina 188
3.2. Missão País... 189
3.3. Diálogo e Comunhão das Forças Evangelizadoras
no Ensino Superior 189
3.4. Missão Pastoral Universitária nos Regionais
da CNBB 190
4. *Subsídios* 191
4.1. Ação Evangelizadora no Meio Universitário................ 191
4.2. Campanha da Fraternidade nas Universidades Católicas ... 192
4.3. Periódico com Textos de Pensadores de Inspiração
Católica Brasileiros – SAL 192

**10. COMISSÃO EPISCOPAL PASTORAL PARA A VIDA
E A FAMÍLIA** 195

Composição 197
Projetos 197
Vida 197
1. *Formação e Capacitação*.. 197
1.1. Assembleia Geral Ordinária da Comissão Nacional
da Pastoral Familiar (CNPF)... 197
1.2. Congresso Nacional da Pastoral Familiar 199
1.3. Simpósio Nacional da Família e Peregrinação
Nacional das Famílias a Aparecida.................................. 201
1.4. Encontro Nacional de Estudos sobre Matrimônio
e Família para Bispos Referenciais, Assessores
Eclesiásticos e Agentes Leigos da Pastoral Familiar 202
2. *Eventos*.. 203
2.1. Semana Nacional da Vida e Valorização do Dia do
Nascituro 203
2.2 Congresso e Encontro Mundial das
Famílias – Dublin – 2018 206
2.3 Semana Nacional da Família.. 207
3. *Articulação*... 209
3.1. Reestruturação da Assessoria Pedagógica da CNPF.
Revisão, Reelaboração e Ampliação dos Conteúdos
Formativos do INAPAF. Criação de Novos Modelos
de Formação Acadêmica, Pastoral e Espiritual para
Agente 209
3.2. Comissão de Defesa da Vida e de Bioética.................... 211
3.3. Associações de Famílias 213
3.4 Assessoria aos Regionais da CNBB................................ 214
3.5. Reunião Ordinária da Comissão Episcopal Pastoral
para a Vida e a Família 215

3.6. Eventos Nacionais e Internacionais Promovidos pela
Igreja Relacionados à Vida e à Família 216
4. Subsídios 218
4.1. Elaboração de Subsídios de Formação para a Pastoral
Familiar 218

11. COMISSÃO EPISCOPAL PASTORAL
PARA A JUVENTUDE.......................................221

Composição 222
Projetos 222
1. Formação e Capacitação 222
1.1. Romaria Nacional da Juventude 222
1.2. Capacitação de Acompanhantes de Adolescentes e
Jovens, Assessores, Coordenadores de Grupo Jovem
e Liderança Juvenil 223
1.3. Acompanhamento dos 18 Regionais da CNBB 224
1.4. Acompanhamento das PJs, Movimentos,
Congregações e Novas Comunidades 224
1.5. Acompanhamento das Pastorais da Juventude
(PJE, PJ, PJMP e PJR) 225
2. Eventos. 226
2.1. Atividades Permanentes: Jornada Diocesana da
Juventude, Dia Nacional da Juventude, Lectionautas,
Missão na Amazônia e Jornada Mundial
da Juventude 226
2.2. Encontros Internacionais 227
2.3. "300 anos de bênção: com a Mãe Aparecida,
Juventude em Missão" 228
2.4. Encontro Nacional de Jovens e Adultos de
Congregações que Trabalham com Juventudes 229
3. Articulação. 229
3.1. Equipe e *Site* de Comunicação da CEPJ 229
3.2. II Encontro Nacional de Revitalização da Pastoral
Juvenil 230
3.3. Reunião da CEPJ com os 18 Bispos e Padres
Referenciais da Juventude nos Regionais da CNBB.......231
3.4. Encontro Nacional de Adultos que Trabalham com
Jovens 232
3.5. Encontro Nacional de Coordenadores Jovens de
Grupos Paroquiais 232
3.6. Pastoral Juvenil e Crisma 233
3.7. Coordenação da Pastoral Juvenil Nacional 234
3.8. Reunião da Comissão Episcopal Pastoral para a